Hanne Egghardt
Maria Theresias Kinder

Hanne Egghardt

Maria Theresias Kinder

16 Schicksale
zwischen Glanz und Elend

K&S

Bildquellennachweis

Allc Bilder entstammen dem Bildarchiv der Österreichischen Nationalbibliothek

S. 9: PORT_00047188_01; S. 11: NB517132B; S. 17: PORT_00047733_01; S. 25: PORT_00049961_01; S. 29: PORT_00049959_01; S. 33: RV3552B; S. 37: PORT_00047115_01; S. 41: PF1088C9; S. 44: NB740058B; S. 47: D36005B; S. 53: 140566B; S. 57: D39620B; S. 59: 214623B; S. 60: PORT_00047910_01; S. 65: PORT_00067772_01; S. 68: PORT_00056011_01; S. 69: PORT_00066579_01; S. 73: 95515D; S. 77: 607097C; S. 83: PORTMIN2_097; S. 86: 152410B; S. 87: 152411B; S. 97: PORT_00048138_01; S. 99: PORTMIN1_190; S. 105: PORTMIN2_156; S. 111: NB517272B; S. 114: NB507302B; S. 115: PORTMIN2_135; S. 121: PORT_00048135_01; S. 123: NB507292B; S. 129: H557E; S. 133: PORT_00067288_01; S. 135: PORT_00048099_01; S. 143: PF43474C1; S. 148: PF43475C; S. 151: 152238B; S. 157: PORT_00041266_0; S. 159: 152304B; S. 164: 82329B; S. 167: NB515842B; S. 171: PK500_104; S. 179: PORT_00054330_01; S. 177: NB504429B; S. 181: PORT_00048166_01; S. 186: L4303D; S. 189: BDA904D; S. 195: 198049B; S. 199: PORT_00049868_01; S. 201: PORT_00049842_01; S. 207: PORT_00067294_01; S. 211: PORT_00048139_01.

www.kremayr-scheriau.at

ISBN 978-3-218-00813-6

Schutzumschlaggestaltung: Kurt Hamtil
unter Verwendung eines Fotos von Imagno/Schloß Schönbrunn Kultur- u. Betriebsges.m.b.H.
Layout und typografische Gestaltung: Ekke Wolf, typic.at
Druck und Bindung: CPI Moravia Books, Pohořelice

Inhalt

1. KAPITEL

Kein Thronfolger, »nur« ein Mädchen

MARIA THERESIAS KINDHEIT UND JUGEND

MARIA ELISABETH (1737–1740)

Die Nacht vom 12. auf den 13. Mai 1717 war alles andere als nur eine laue, nach Blüten duftende Mainacht. In den engen Straßen um die Wiener Hofburg drängten sich die Menschen. Unruhig und gespannt, hin und her gerissen zwischen Hoffen und Bangen. Sie warteten auf Nachrichten aus dem Leopoldinischen Trakt. Dort lag Elisabeth Christine, die schöne Gemahlin von Kaiser Karl VI., in den Wehen.

Die schwierige Erbfolge im Hause Habsburg

Karl VI. war der letzte männliche Spross des Hauses Habsburg. Was es bedeutete, wenn ein Monarch ohne männlichen Nachfolger starb, hatte er wenige Jahre zuvor selbst erlebt. Am Allerheiligentag des Jahres 1700 war Karl II., der »Behexte«, gestorben, der letzte Habsburger auf dem spanischen Königsthron. Er hatte mangels eines Thronfolgers Philipp von Anjou, den Enkel von König Ludwig XIV., zu seinem Erben ernannt. Dagegen erhob Kaiser Leopold I. von Österreich vehement Einspruch. Er beanspruchte die iberische Halbinsel für seinen Sohn und dieser übernahm, umstritten und angefochten, als Karl III. den spanischen Thron. Der Konflikt eskalierte, der Spanische Erbfolgekrieg (1701–1714) brach aus, ein Flächenbrand, der rasch halb Europa erfasste.

Als in Wien im Jahre 1711 Kaiser Joseph I. unerwartet an den Blattern starb, trat Karl III. als Karl VI. die Nachfolge im römisch-deutschen Kaiserreich, in den österreichischen Erblanden und in jenen Gebieten an, die zwar außerhalb des Reichsverbandes, jedoch innerhalb des habsburgischen Hausgebietes lagen, wie Ungarn, Slowakei, Kroatien, Slawonien und Siebenbürgen. Er gebot über ein Reich, das sich über weite Teile Mittel- und Osteuropas sowie Italiens erstreckte, und das auch noch erheblich wuchs. Am Ende des Spanischen Erbfolgekrieges kamen die südlichen Niederlande sowie in Italien Mailand, Neapel und Sizilien hinzu – und nach dem Friedensschluss von Passarowitz 1718 dank der Erfolge Prinz Eugens auch noch der Banat, große Teile Serbiens und die kleine Walachei, das heutige West-Rumänien. Damit erreichte Österreich die größte Ausdehnung aller Zeiten.

1715 starb in Frankreich Ludwig XIV., der Sonnenkönig. Der Himmel über Europa verdüsterte sich dennoch nicht. Nun strahlte von Wien aus das Licht von Karl VI. als Sonnenkaiser. Das Leben am Wiener Hof hatte sich mit seinem Einzug schlagartig verändert. Der Kaiser, der privat Musik ebenso liebte wie Leibesübungen und Spiele, der Opern komponierte und als Schütze und Reiter brillierte, der den Wissenschaften und Künsten zugetan war, in den eigenen vier Wänden gerne scherzte und Wienerisch redete, hatte das spanische Hofzeremoniell eingeführt. Ganz Barockkaiser, bestand er darauf, seine Majestät nach außen hin in Unnahbarkeit zu demonstrieren und verlangte lückenlose Einhaltung der Hofetikette. Doch sowohl der schwarze, spanische Hofmantel wie auch die üppige Allongeperücke entsprachen der Natur des sowohl mit der Habsburger Melancholie als auch mit der Habsburger Unterlippe belasteten Herrschers. Franz Herre schreibt in seiner Maria-Theresia-Biografie:

»Karl war schwarzgallig, neigte zu Schwermut und Niedergeschlagenheit. Zu seinem ernsten, mitunter verdüsterten Gemüt passte Schwarz, die vorherrschende Farbe der spanischen Hoftracht, wie angegossen. Deren Steifheit, die zu gemessenem Auftreten zwang, kam seinem bedächtigen, ja schwerfälligen Wesen zupass. Eine Etikette, in der so vieles festgelegt und geregelt war, ersparte ihm Entscheidungen, die er scheute.«[1]

Im Juli 1708 hatte der damals 22-jährige König von Spanien auf der iberischen Halbinsel seine Braut in Empfang genommen, Elisabeth Christine von Braunschweig-Wolfenbüttel. Wie damals üblich, war die Verbindung nach dynastischen Überlegungen ein-

Karl VI., Habsburgs großer Barockkaiser, schuf mit der Pragmatischen Sanktion eine fundamental neue Erbfolgeregelung: Ab nun waren auch weibliche Nachkommen zur Thronfolge berechtigt – seine Tochter, Maria Theresia, war die Erste, die dies in Anspruch nahm.

gefädelt worden. Die Heirat eines Habsburgers mit einer Welfin versprach eine Lockerung der gespannten Beziehungen zwischen Katholiken und Protestanten. Um Königin von Spanien werden zu können, musste Elisabeth Christine daher zum katholischen Glauben übertreten, so schwer ihr das auch fiel.

Karl war auf Anhieb von ihrer engelhaften Erscheinung fasziniert. Begeistert schrieb er später an seinen Schwiegervater: »Ich hatte zwar von allen Orten von der Schönheit und den Annehmlichkeiten gehört, durch welche meine englische Königin und Gemahlin die Herzen aller Menschen an sich zu ziehen wisse; allein jezo, da ich sie sehe, befinde ich, daß alles dasjenige, so man mir von derselben erzählet, nur ein Schatten gegen die helle Sonne ist ...«[2]

Die erhoffte politische Wirkung dieser Heirat blieb aus. Die erzwungene Konversion der Welfin zum Katholizismus löste in Deutschland eher feindselige als versöhnliche Gedanken aus. Die Ehe des Paares hingegen verlief überaus glücklich. Bis auf einen Wermutstropfen: Es wollte sich kein Thronfolger einstellen.

Die Frage der männlichen Nachkommenschaft entwickelte sich allmählich zum zentralen Problem. Und es wurde immer dringender, als Karl VI. und Elisabeth Christine zum Kaiserpaar aufstiegen. Der immer ratloser werdende Ehemann scheute keine Mühen. Er ließ sogar die Wände des Schlafgemaches seiner Gemahlin mit erotischen Bildern schmücken. Das, so hatte man ihm versichert, würde die Zeugung männlicher Nachkommenschaft fördern – vergeblich. Längst wurde getuschelt, schuld an der Kinderlosigkeit sei, dass die Welfin den Übertritt zum katholischen Glauben womöglich doch nicht ganz ernst genommen habe.

Im Jahr 1713 verfügte Karl VI. eine Erbfolgeregelung, die Pragmatische Sanktion. Darin wurde die Unteilbarkeit der habsburgischen Länder festgelegt und – die Möglichkeit der weiblichen Erbfolge. Die Kinder Karls VI. sollten den Vorrang vor den beiden Töchtern seines verstorbenen Bruders haben. Da Elisabeth Christine längst als unfruchtbar galt, stimmte die Familie bereitwillig zu.

Dann aber geschah das völlig Unerwartete. Das Paar war bereits acht Jahre verheiratet, da brachte Elisabeth Christine im April 1716 einen Thronfolger zur Welt, Leopold Johann. Der Jubel kannte keine Grenzen, endlich war die lange ersehnte männliche Nachkommenschaft gesichert. Umso größer der Schmerz und die Verzweiflung, als das Kind bereits nach sieben Monaten, im November desselben Jahres, starb.

Maria Theresia – die künftige Herrscherin über das Habsburgerreich

Zu diesem Zeitpunkt war die Kaiserin wieder guter Hoffnung. Als sich am 12. Mai 1717 die Nachricht verbreitete, dass die Niederkunft nicht mehr fern sei, eilte eine riesige Menschenmenge zur Hofburg, um das freudige Ereignis aus nächster Nähe miterleben

Elisabeth Christine, geliebte Gemahlin Kaiser Karls VI., mit der kleinen Maria Theresia, ihrer Tochter, die dereinst über ein Riesenreich herrschen sollte.

zu können. Um halb acht Uhr früh endlich hatte das Warten ein Ende. Ein Herold trat vor die Menge und verkündete: »Eine Erzherzogin ist geboren worden!«

Jubelrufe waren nicht zu hören. Viele der Wartenden senkten den Kopf und gingen bedrückt nach Hause. Andere begaben sich zum Gottesdienst in den Stephansdom, von dessen Turm aus die erst sechs Jahre zuvor aus 180 türkischen Kanonen gegossene »Pummerin« die Geburt der Erzherzogin verkündete. Wäre ein Thronfolger geboren worden, hätte der Hof drei Tage »große Gala« angeordnet. So mussten auch ein Tag »große Gala« genügen und danach zwei Tage »kleine Gala«.

Der Kaiser hatte verfügt, dass die Taufe noch am selben Tag erfolgen sollte. Die Ritterstube der kaiserlichen Burg war mit kostbaren gold- und silberdurchwirkten Tapeten behängt, zahlreiche kristallene Hänge- und Wandleuchter ließen das goldene, mit Edelsteinen besetzte Taufbecken schimmern. Reliquien, ein Dorn der Leidenskrone, ein Nagel vom Kreuz Jesu, ein Tropfen seines Blutes und ein wenig Jordanwasser symbolisierten die innige Verbundenheit des Hauses Habsburg mit der Kirche und seine göttliche Bestimmung. In diesem Rahmen taufte Bischof Kollonitz das leise wimmernde Neugeborene auf die Namen Maria Theresia Walburga Amalia Christine.

Wenige Wochen nach der Geburt brachte das Kaiserpaar der Gnadenmutter in Mariazell eine goldene Kinderstatue dar. Zum Dank für dieses gesunde Kind. Und sicher auch, um weiteren Kindersegen zu erbitten, denn ein Erbprinz war nach wie vor ihr größter Wunsch. Er sollte sich nicht erfüllen. Elisabeth Christine brachte nur noch Mädchen zur Welt, 1718 Maria Anna und 1724 Maria Amalia, die aber schon 1730 starb.

Der verspätet, aber doch noch eingetretene Kindersegen hielt beim Kaiserpaar die Hoffnung auf einen männlichen Nachkommen wach. Maria Theresia wurde daher nicht wie ein Erbprinz erzogen. Von der Vorbereitung auf künftige Regierungsgeschäfte konnte keine Rede sein. Wie bei allen anderen Kindern des Hofes wurden Jesuiten mit der Leitung des Unterrichts betraut. Deren Verdienst war es, dass Maria Theresia der katholischen Kirche zeitlebens verbunden blieb. Einen Schwerpunkt des Unterrichtes bildeten Sprachen. Bei Hof wurde Deutsch gesprochen, Wienerisch, aber »Reserl« hatte auch Latein zu lernen, übrigens die Amtssprache in Ungarn, und dann Französisch, Italienisch und Spanisch. Besonders erfolgreich waren ihre Lehrer allerdings nicht, denn in ihrem hübschen Köpfchen mischten sich die verschiedenen Sprachen oft zu einem drolligen Kauderwelsch. Mit »Der König kann nicht revenirn von unserer Noirceur« zum Beispiel teilte sie mit, er habe sich von seiner gedrückten Stimmung nicht befreien können.[3]

Weitaus einfacher hatten es die Lehrer, die für Zeichnen und Tanz, Etikette und Poesie, Gesang und Cembalospiel zuständig waren. Das kleine, kräftige und lebhafte Mädchen liebte alles Künstlerische, absolvierte ohne Scheu die in der Barockzeit so beliebten Bühnenauftritte in fantasievollen Kostümen, sang italienische Arien, spielte Klavier und musizierte gerne vor Publikum.

Schon von frühester Jugend an wurden Überlegungen über eine spätere Heirat der kleinen Erzherzogin angestellt. Das Haus Habsburg war dem Herzog von Lothringen eng verbunden. Herzog Karl V. hatte 1683 bei der Befreiung von der Türkenbelagerung unvergessliche Dienste geleistet, sein Sohn Leopold war bereits in Österreich aufgewachsen und nun setzte sich Prinz Eugen, der weise Ratgeber des Kaisers, für eine Verbindung mit Lothringen ein. Auf seine Initiative hin sollte der älteste Sohn des regierenden Herzogs, Clemens von Lothringen, an den Wiener Hof kommen. Das Schicksal aber machte diesen Plänen einen Strich durch die Rechnung. Clemens starb 1723 in Nancy an den Blattern. Jetzt musste sein jüngerer Bruder einspringen.

Franz Stephan von Lothringen, Maria Theresias Gemahl

Franz Stephan von Lothringen, geboren 1708 in Nancy, war ein besonders hübsches und aufgewecktes Kind. Seine Großmutter, Liselotte von der Pfalz, die unglückliche Gattin von Philipp von Orléans, dem Bruder des Sonnenkönigs, der ihr unter anderem durch seine zahlreichen Liebschaften mit jungen, hübschen Männern Kummer bereitete, erwähnte ihn schon 1722 in Zusammenhang mit den Kindern ihrer Tochter: »Der hübscheste in meinem Sinn von den drei Buben ist der mittelste …«[4]

Im August 1723 reiste der Kaiser mit Familie und Hofstaat nach Prag, wo er zum König von Böhmen gekrönt wurde. Rund um die feierliche Zeremonie fand er Zeit, auf Schloss Brandeis seiner Lieblingsbeschäftigung nachzugehen, der Jagd. Diese Gelegenheit nützte Franz Stephan von Lothringen, um sich ihm vorzustellen. Prinz Eugen hatte ihn zuvor ausführlich über das richtige Verhalten instruiert: »Der Erbprinz muß vor dem Kaiser eine ehrfurchtsvolle Haltung bewahren; er muß seine Lebhaftigkeit mäßigen bis zu dem Grade, daß er nicht spricht, außer, wenn ihm der Kaiser Gelegenheit hiezu gibt; er vermeide in dem Gespräch mit ihm jede Vertraulichkeit; überhaupt frage er ihn um nichts und spreche so viel als möglich deutsch mit ihm. Vor der Kaiserin kann er seiner Lebhaftigkeit wol mehr freien Lauf lassen … Auf diese Weise wird der Prinz dem Kaiser und dem ganzen Hof gefallen.«[5] Diese Worte nahm sich der junge Erbprinz zu Herzen. Und sie wirkten. Er hinterließ einen überaus positiven Eindruck. Beim Kaiser, beim gesamten Hof und bei einem kleinen, sechsjährigen Mädchen namens Maria Theresia.

Im Herbst des Jahres 1723 traf Franz Stephan von Lothringen in Wien ein. Er wurde von einem Erzieher, drei Kammerdienern, zwei Dienern und zwei Läufern begleitet. Der Kaiser erweiterte seinen Hofstaat um zwei Kammerherren und zwei Pagen. Für seine Erziehung waren die Grafen Neippberg und Cobenzl zuständig. Sie waren um ihre Aufgabe nicht zu beneiden. Wie Lefèbre, der Hofmeister Lothringens, berichtete, war Franz Stephan »ein liebenswürdiges Kind, aber erstaunlich unbändig. Er schien unfähig zu irgendeiner Art von Fleiß zu sein.«[6]

Sein um seine Bildung besorgter Vater hatte Franz Stephan eine Kiste Bücher mitgegeben. Sie zu öffnen, nahm sich der Prinz nicht oft Zeit. Er war eher damit beschäftigt, den Kaiser auf die Jagd zu begleiten, Repräsentationsaufgaben zu erfüllen oder sein bald gerühmtes Glück im Kartenspiel zu erproben. Dass seine Bildung angesichts des turbulenten Hoflebens und der glanzvollen Verpflichtungen zu kurz kam, dass er alle Arten von Vergnügungen ernsthafter Arbeit vorzog, spielte keine Rolle. Der Kaiser stieß sich nicht daran, dass er weder Deutsch noch Französisch fehlerlos schreiben konnte – und dies auch nicht lernte. Seiner Meinung nach hatte ein Barockfürst in erster Linie Passion für die Jagd zu entwickeln und zu repräsentieren. Er fühlte sich wohl in Gesellschaft des jungen Lothringers und sah ihn vielleicht auch als den Sohn, den er so lange ersehnt hatte.

Als Schwiegersohn allerdings zog er ihn vorerst nicht in Betracht. Dazu kam er auch gar nicht. Je mehr die Hoffnung auf einen männlichen Thronfolger schwand, desto deutlicher wurde ihm bewusst, dass seine älteste Tochter für die Thronfolge in Frage kam. Ihr Ehemann würde ein österreichischer Prinzgemahl sein und römisch-deutscher Kaiser werden. Entsprechend groß war die Zahl der Bewerber um ihre Hand. Kaiser Karl VI. zog den Erben von Portugal in Betracht, später traf er eine geheime Abmachung, der zufolge Maria Theresia den Thronfolger von Spanien heiraten sollte, Don Carlos, und ihre jüngere Schwester Marianne dessen Bruder Don Philipp. Prinz Eugen hingegen riet zu einem Wittelsbacher Kurprinzen.

Franz Stephan musste 1729 nach dem Tod seines Vaters in seine Heimat nach Lothringen zurückkehren. Von dort begab er sich auf Reisen nach Paris und London. Den Haag erhielt für ihn besondere Bedeutung. Dort fand er Aufnahme in den Geheimbund der Freimaurer. 1732 kehrte er nach Wien zurück, im Gepäck jede Menge Golddukaten, Wechsel und Kreditbriefe – ein für den Kaiser nicht zu unterschätzendes Mitbringsel.

Maria Theresia war inzwischen zu einer hinreißenden jungen Dame herangewachsen. Später schwärmte ein Biograf: »Sie war eine der schönsten Frauen-Erscheinungen Europas … Sie hatte eine hohe, edle Gestalt mit dem herrlichsten Ebenmaße der Glieder. Ihr tiefblaues Auge glänzte voll Lebhaftigkeit und wies doch auf milde Sanftmut hin. Das vollendet schöne Oval des von heiterem Ausdrucke strahlenden Antlitzes krönte eine hohe Stirn. Der Mund war fein geschnitten, die Zähne blendend weiß, die Nase sanft gebogen. Das reiche blonde Haar paßte vortrefflich zu der frischen Hautfarbe, die im Gesichte bei jeder Aufregung oder bei der Bewegung im Freien noch lebhafter ward und so den Glanz ihrer Schönheit erhöhte …«[7]

Dass die hübsche und lebenslustige Erbtochter in den jungen Lothringer verliebt war, konnte niemand übersehen. Sie träumte von ihm, redete den ganzen lieben Tag mit ihren Hofdamen nur über ihn. Maria Karolina Fuchs, die Aja und Vertraute der Erbprinzessin, die sie ihr Leben lang begleitete und die übrigens als einzige Nicht-Habsburgerin in der Kapuzinergruft ihre letzte Ruhe fand, setzte sich intensiv für eine Verbindung ihres Schützlings mit dem Lothringer ein.

Die entscheidende Wende brachte jedoch erst der Polnische Erbfolgekrieg (1733–1738). Prinz Eugen, inzwischen schwer krank, alt und müde, konnte seinem Kaiser keinen letzten Sieg bescheren. Österreich verlor den Krieg. Frankreich besetzte Lothringen, Spanien Unteritalien. Franz Stephan wurde in aller Deutlichkeit vor die Alternative gestellt: Lothringen oder die Hand der Erbtochter. Dreimal soll er die Feder zur Unterzeichnung des Abkommens auf den Boden geschleudert haben. Dreimal soll sie Johann Christoph Freiherr von Bartenstein, Berater des Kaisers, aufgehoben und ihm wieder in die Hand gedrückt haben. Schließlich unterschrieb Franz Stephan. Er trat Lothringen ab, wurde mit dem Großherzogtum Toskana abgefunden und durfte offiziell um die Hand Maria Theresias anhalten.

Die Hochzeit von Maria Theresia und Franz Stephan von Lothringen

Schon die Verlobung ging als überaus glänzendes Ereignis über die Bühne. Dem hohen Adel war nahegelegt worden, am 31. Januar 1736 in Prachtgewändern bei Hof zu erscheinen. Als der Zug des jungen Lothringers aus seinen Gemächern trat, ging ein Raunen durch die Menge. Am Ende einer langen Reihe festlich gekleideter Bedienter, Läufer, Kämmerer und Edelknaben schritt er in einem kostbaren Gewand aus kastanienbraunem Samt, das mit Silber durchwirkt und mit Goldnähten geschmückt war und an dem rund 50 Brillanten die Knöpfe ersetzten, zu den Gemächern des Kaisers. Dort empfing ihn der Monarch zu einer Unterredung, in deren Verlauf er um die Hand Maria Theresias anhielt. In gleicher Weise

Maria Theresia und Franz Stephan von Lothringen – ein glückliches Paar ein Leben lang.

ging dann der Zug zu den Wohnzimmern der Kaiserin. Auch dort hielt der Herzog um die Hand Maria Theresias an. Als er die dritte Kniebeugung zu machen im Begriff war, ging ihm Elisabeth Christine einen Schritt entgegen, hörte seine kurze, aber in warme Worte gekleidete Ansprache an und sprach nun auch ihr »Ja«. Erst jetzt durfte Maria Theresia das Porträt ihres Bräutigams in Empfang nehmen, das nicht wie sonst üblich mit Kristallglas, sondern mit einem großen Brillanten überdeckt war, und ihm gestatten, ihr die Hand zu küssen.

Dem Protokoll entsprechend folgte auf die Verlobung eine Trennungszeit des Brautpaares. Franz Stephan hatte die Tage bis zur Hochzeit in Pressburg zuzubringen. Es waren nicht allzu viele. Um die Jahreswende 1735/36 hatte sich der Gesundheitszustand von Prinz Eugen dramatisch verschlechtert. Mit seinem Ableben und der darauf folgenden Staatstrauer musste jeden Tag gerechnet werden. Also wurde der Hochzeitstermin eilig auf den 12. Februar festgelegt.

Während der knapp zwei Wochen der Trennung tummelten sich zwischen Pressburg und Wien Kuriere mit Briefen des Brautpaares. Maria Theresia schrieb an den »durchleuchtigsten Herzog, villgeliebten Bräutigamb« Liebesbriefe wie: »Ich bin Ihnen unendlich verbunden für Ihre Aufmerksamkeit, mir Nachrichten von sich zu geben, denn ich war in Sorge wie eine arme Hündin, haben Sie mich ein bißchen lieb und verzeihen Sie mir, wenn ich Ihnen nicht genug antworte, aber es ist 10 Uhr und Herbeville wartet auf meinen Brief. Adieu, Mäusl, ich umarme Sie von ganzem Herzen, schonen Sie sich recht, adieu caro viso, ich bin die Ihrige ...« Er antwortete seiner Braut: »Nachdem mir von Ihro May. dem Kayser die allerhöchste erlaubnis gegeben worden, Ew. Lbd. zu schreiben, so kann ich nicht länger warthen, von diesen Gnaden zu profitiren und Ew. Lbd. zu versichern, das mir nichts harters ankombt, als dieses schrifftlich zu thuen und mich selbst zu Dero Füßen zu legen nicht erlaubt seye, wie es E.L. nicht schwer zu glauben seyn wird, indeme die allerliebste braut persuadirt sein wird, das kein Bräutigamb in der weld mit mehrere ergebenheith und respect seyn kann ...«[8]

In Wien liefen inzwischen die Hochzeitsvorbereitungen auf Hochtouren. Ganz Barockkaiser, bestand Karl VI. auf größtmöglicher Prachtentfaltung. Er hatte aus Paris große Mengen kostbarer Stoffe und Schmuckgegenstände bringen lassen, 136 Gold- und Silbersticker waren aufgenommen worden, die nun Tag und Nacht arbeiten mussten. Entsprechend glänzend ging die Hochzeitsfeier über die Bühne.

Die Zeremonie fand in der prachtvoll geschmückten Augustinerkirche statt. Ein schöneres Paar hatte es zuvor wohl nie gegeben. Maria Theresia leistete den Schwur »Für immer und ewig!« in einem silbernen Kleid, dessen Schleppe nicht wie sonst üblich Pagen trugen, sondern die ehemalige Aja und spätere Vertraute Gräfin Fuchs. Der Bräutigam trat ganz in Weiß vor den Traualtar und sprach sein Ja auf Lateinisch: »Volo«. Ein Bild auf dem Altar drückte die große Hoffnung aus, die sich an diese Hochzeit knüpfte: Aus dem Himmel wird der Ehering herabgereicht und Gott erteilt seinen Segen zu erwünschter männlicher Erbfolge.

Gefeiert wurde mehrere Tage, zuerst mit einem glanzvollen Hochzeitsmahl, dann mit der Aufführung der eigens von Pietro Metastasio komponierten Hochzeitsoper »Achille in Sciro« und schließlich, am letzten Tag des Faschings, mit einem großartigen Maskenball.

Prinz Eugen durfte die Hochzeit noch miterleben. Er schrieb am 23. März 1736 an einen Freund: »Die Verbindung des lothringisch-österreichischen Stammes in dem neuen Ehepaare war der froheste Tag meines Lebens, besonders da sich dieses Ereignis auf den Frieden mit Frankreich und auf die von allen europäischen Staaten verbürgte pragmatische Sanktion gründet.«[9] Es war allerdings die letzte Freude, die ihm vergönnt war. Er starb wenige Wochen darauf, am 21. April.

Das frisch vermählte Paar erbat auf einer Wallfahrt nach Mariazell mit zwei goldenen, von Lorbeer umschlungenen Herzen reichen Kindersegen. Die Gnadenmutter erhörte ihre Bitten. Maria Theresia brachte im Laufe der Ehe in ihrem Entbindungsstuhl 16 Kinder zur Welt, elf Mädchen und fünf Knaben. Drei starben als Kleinkinder, drei als Jugendliche. Zwei Söhne wurden Kaiser, zwei Töchter und der jüngste Sohn blieben unverheiratet. Friederike Wachter schreibt in ihrer Dissertation über die Erziehung der Kinder Maria Theresias: »Durchaus modern mutet es an, wenn Maria Theresia forderte, daß die Erziehung praktisch bei der Geburt beginnen müßte.«[10]

Maria Elisabeth, das erste Kind Maria Theresias

Das erste Kind des Paares wurde am 5. Februar 1737 geboren: Erzherzogin Maria Elisabeth. Wie für alle noch folgenden Geschwister wurde eiligst Personal eingestellt. Die Erziehung leitete bei den Mädchen die »Aja«, bei den Knaben der »Ajo«, für das leibliche Wohl waren eine Kammerfrau, drei Kammerdienerinnen und ein »Kammermensch« zuständig, dazu kamen Kammerheizer und Kammertürhüter. Friederike Wachter: »Die Ajas hatten die absolute Autorität über alle Angestellten der Kinder… Keine Aja durfte versuchen, die Neigung des ihr anvertrauten Kindes besonders auf sich zu ziehen, was diese, nach Maria Theresias Meinung, nur durch besondere Verwöhnung hätte erreichen können. Maria Theresia befürchtete dabei vor allem, daß die Kinder dadurch eigenwillig hätten werden können und sich z.B. nur von ihrer Aja bekleiden oder an der Hand führen hätten lassen ...«[11]

Der wahre Jubel blieb bei der Geburt Maria Elisabeths jedoch aus: Das junge Paar, Kaiser und Kaiserin und das Volk hatten einen Thronfolger ersehnt und erhofft. Entsprechend groß war die Enttäuschung. Ihren Eltern bereitete die erstgeborene Maria Elisabeth dennoch viel Freude. Sie entwickelte sich zu einem gesunden, kräftigen Kind. Umso größer war der Schock, als sie im Alter von knapp dreieinhalb Jahren, am 7. Juni 1740, plötzlich verstarb.

2. KAPITEL

Gelehrter „Blaustrumpf"

MARIA ANNA (1738–1789)

Am Morgen des 6. Oktobers 1738 konnten die Herolde des Kaiserhauses abermals keine Botschaft von einem männlichen Thronfolger verkünden. Entsprechend gedämpft war der Jubel über die Geburt eines zweiten Kindes des Erzherzogpaares Maria Theresia und Franz Stephan von Lothringen. Daran änderte sich auch nichts, als 100 weiße Täubchen über die Köpfe der Wartenden hinwegflatterten, die Kaiser Karl VI. für diesen schlimmsten Fall der Fälle mit Spruchbändchen ausgestattet hatte:

… Es wird daher ein Mann
Als drittes und nach Wunsch begaben,
Jetzt konnt's nicht sein. Warum?
Gut Ding will Weile haben.[1]

Misserfolge und Triumphe des jungen Erzherzogpaars

Franz Stephan von Lothringen war es nicht gelungen, die Herzen der Wiener zu erobern. In ihren Augen war er alles andere als der tatkräftige Mann, der an der Seite der schönen Erbprinzessin Macht und Ansehen des Reiches stärken konnte. Sie sahen in ihm den Ausländer, den Halbfranzosen, der dem Haus Habsburg nichts gebracht hatte. Und jetzt war er nicht einmal imstande, einen männlichen Thronerben zu bewerkstelligen. Schon begannen die ersten Spottgedichte über ihn zu kursieren.

Im Polnischen Erbfolgekrieg hatte der alt und schwach gewordene Prinz Eugen dem Haus Habsburg keinen Sieg beschert.

Karl VI. musste schmerzhafte Verluste hinnehmen. Im Wiener Vertrag trat er 1738 Unteritalien an Spanien ab und Lothringen an Frankreich, in Nancy hielt Stanislaus Lesczynski Einzug, der Schwiegervater Ludwig XV. Der Gewinn von Parma und Piacenza war nur ein kleines Trostpflaster, ebenso wie – vorerst – die Abfindung für Franz Stephan von Lothringen mit der Toskana.

Um diese Gebietsverluste wettzumachen, stürzte sich Kaiser Karl VI. 1737 in einen neuerlichen Türkenkrieg. Aber: Prinz Eugen war seit einem Jahr tot. Seine letzten Ratschläge, der Kaiser solle das Heer neu organisieren und die Kriegskasse füllen, waren auf taube Ohren gestoßen. Eine starke Persönlichkeit für diesen Krieg gab es nicht. Also zog der Kaiser seinen Schwiegersohn von seinem Posten als Gouverneur in den Niederlanden ab und schickte ihn als Generalissimus in den Krieg gegen die Türken.

Diese Chance, sich zu profilieren und sein Image aufzupolieren, verging für Franz Stephan ungenützt. Im Krieg völlig unerfahren, erlitt er nahezu nur Niederlagen. Schließlich erkrankte er, wurde von seinem Posten entbunden und kehrte, einzig zur Freude von Maria Theresia, nach Wien zurück. Der Krieg geriet zur Katastrophe. Es gelang den Türken, viele der von Prinz Eugen eroberten Gebiete zurückzugewinnen, darunter Belgrad, weite Teile von Serbien und die Kleine Walachei.

Für Franz Stephan brachte erst der Sommer 1738 eine entscheidende Wende. In Florenz starb Johann Gaston de Medici, der letzte Großherzog der Toskana. Jetzt rückte er in den Rang eines regierenden Großherzogs auf, das verschaffte ihm Ehre und Ansehen. An eine baldige Antrittsvisite des Erzherzogpaares war allerdings nicht zu denken, denn Maria Theresia war wieder guter Hoffnung. Im Oktober kam ihre zweite Tochter zur Welt, sie wurde nach ihrer Schwester, die auch als Taufpatin fungierte, auf die Namen Maria Anna Josepha Johanna Antonia getauft. Gerufen wurde sie später Marianne.

Im Januar 1739 endlich brach das Erzherzogpaar Richtung Toskana auf. Die Reise geriet zu einem regelrechten Triumphzug. Viele Städte begrüßten die hohen Gäste mit Triumphbögen und Schaugerüsten. Florenz präsentierte sich in überschwänglicher Pracht. Als das Paar am 20. Januar in die Arnostadt einzog, schmückten

Fahnen und Teppiche die Fassaden zahlreicher Palazzi, in den Straßen sorgten Fackeln, Lampen und Pechpfannen für zauberhafte Illumination und aus zwei Brunnen floss Wein. Die Mühe blieb nicht unbedankt. Am Ende des herzoglichen Zuges warfen Schatzmeister Tausende Goldtaler in die Menge.

Der gesamte Aufenthalt des Paares war eine einzige Kette von Festen und Bällen, Jagdausflügen, Galatafeln und pompösen Feuerwerken. Bei einem Schiffsausflug nach Livorno durften sich die illustren Gäste sogar an einer riesigen Schlaraffenpyramide erfreuen, die aus Wildbret, Schinken und Würsten errichtet worden war. Viel Zeit, an Wien und die beiden kleinen Kinder zu denken, blieb nicht, der Terminplan war dicht gedrängt. Sorgen musste sich die junge Mutter allerdings auch nicht machen, denn aus der Hofburg erreichten sie nur beruhigende Nachrichten wie: »Die zwei kleinen Engel sind gottlob beide wohlauf, herzig und vollkommen …«[2]

In Wien entwickelten sich die beiden Mädchen inzwischen prächtig. Entsprechend groß war die Wiedersehensfreude. Die Zeit unbeschwerten Familienglücks war aber nur von kurzer Dauer. Bald traf Maria Theresia eine Serie schwerer Schicksalsschläge. Im Januar 1740 wurde das dritte Kind des Erzherzogpaares geboren. Es war wieder »nur« ein Mädchen, Maria Karolina. Kaum war es sechs Monate alt, starb Maria Elisabeth, die erste Tochter. Ihr folgte, ebenso überraschend, Kaiser Karl VI. in den Tod, und im Januar 1741 starb auch Maria Karolina. Als Maria Theresia auch dieses Kind begraben musste, war sie wieder guter Hoffnung. Im März, endlich, kam der lang ersehnte männliche Nachfolger zur Welt: Joseph.

Marianne, ein kränkliches Kind

Maria Theresia liebte alle ihre Kinder, die einen jedoch mehr und die anderen weniger. Marianne war nach dem Tod von Maria Elisabeth das älteste Kind und stand damit an erster Stelle. Als jedoch so gut wie jedes Jahr Familienzuwachs kam, musste sie die Liebe der Eltern immer öfter teilen. Sie fühlte sich zurückgesetzt. Und begann zu kränkeln.

Es war vor allem die Winterzeit, die Marianne schwer zusetzte. Kaum blies ein schärferer Wind, war sie schon erkältet und musste ins Bett. Dann eilte Maria Theresia an ihre Seite und umsorgte sie liebevoll. Das Kind hatte bald heraußen, dass Krankheiten eine gute Gelegenheit waren, Mutterliebe zu bekommen.

Wie groß die Sorgen waren, die sich Maria Theresia um die Gesundheit ihrer Tochter machte, zeigt ein Brief aus dem Herbst 1744. Als sie erfuhr, dass Hofrat Doblhoff eine Wallfahrt nach Mariazell unternehmen wollte, nützte sie diese Gelegenheit spontan: »Ich rekommandiere euch meine älteste Tochter in euer Gebet«, schrieb sie ihm und bat ihn, in ihrem Namen eine neuntägige Andacht für Marianne zu »begehren« und auch Geld vorzustrecken, sollte es notwendig sein, für arme Leute oder Messen »etwas zu geben«.[3]

Bis 1744 war Gräfin Belrupt mit der Erziehung von Marianne betraut, ihr folgte als Aja Freiin von Altensteig, die 1746 Obersthofmeister Fürst Trautson heiratete. Die Lehrer hatten es nicht schwer. Marianne bewies schnelle Auffassungsgabe, Lerneifer und musikalisches Talent, hatte eine hübsche Sopranstimme, zeichnete hervorragend und war eine ausgezeichnete Tänzerin. Sprachen hingegen waren ihr Schwachpunkt, diese hatten in ihrem Studienplan allerdings auch keinen hohen Stellenwert. So erlernte sie Italienisch und Französisch nur mangelhaft und auch mit der deutschen Orthografie stand sie – ganz der Herr Papa – zeitlebens auf Kriegsfuß.

Eine bedeutende Rolle spielte für Marianne ebenso wie für alle ihre Geschwister der Religionsunterricht. Maria Theresia persönlich sorgte dafür, dass für Andacht, Gebet, Beichte und religiöse Pflichten viel Zeit aufgewendet wurde, der Besuch der heiligen Messe stand bei der kaiserlichen Familie täglich auf dem Programm.

Die Kinder waren von Vergnügungen nicht ausgeschlossen. So durften sie an den Reisen teilnehmen, die der gesamte Hof unternahm, und bei Theateraufführungen mitspielen. Bei diesen Gelegenheiten versuchte Marianne immer wieder, sich besonders hervorzutun. Das brachte ihr zwar Aufmerksamkeit, auf Liebe und Bewunderung aber hoffte sie vergebens.

Maria Anna, der Liebling ihres Vaters Franz Stephan von Lothringen, war ein kluges, an allem Naturwissenschaftlichen interessiertes Kind.

Wenn ausländische Gesandte in die Hofburg kamen, war es üblich, dass sie auch den Kindern ihre Aufwartung machten, schließlich waren sie Erzherzöge und Erzherzoginnen. Als Marianne neun Jahre alt war, nahm Christoph Otto Podewils, der preußische Gesandte am Wiener Kaiserhof, die Kinder unter die Lupe. Die neunjährige Marianne nannte er für ihre Jahre ziemlich groß und hübsch, »jedoch am wenigsten von ihren Geschwistern«, und erwähnte, dass man ihr denselben Hochmut einflöße wie ihrem Bruder Joseph. Besonders hob er ihren Geist und ihre Urteilskraft hervor und den Umstand, dass sie zur Religion und ihren Pflichten erzogen werde.

Im ersten Punkt irrte der Gesandte. Marianne war nie hübsch, nicht einmal als Kind. Sie wuchs zwar zu einer stattlichen Erscheinung heran, in ihrem lang gezogenen Gesicht dominierte aber eine übergroße Nase und der Mund war schmallippig. Mariannes Stärken lagen anderswo. Sie war außergewöhnlich klug, besaß einen scharfen Verstand, konnte logisch denken, hatte Humor und interessierte sich stark für alles Naturwissenschaftliche. Das machte sie zum Liebling ihres Vaters und zum »gelehrten Blaustrumpf«.

Mariannes Jugendjahre

Wie für alle ihre Kinder schmiedete Maria Theresia auch für Marianne schon im zarten Alter Heiratspläne. Sie nahm Vittorio Amade ins Visier, den um 26 Jahre älteren Sohn des Königs von Sardinien. Als sich der gesundheitliche Zustand ihrer Tochter jedoch mit den Jahren drastisch verschlechterte, ließ sie diesen Plan fallen.

Die Jahre, die Marianne als Heranwachsende am Wiener Hof verbrachte, waren trotz ihrer vielen Krankheiten, von denen einzig die gefürchteten Blattern harmlos verliefen, alles andere als eintönig. Das Hofleben bot eine Fülle von Unterhaltungen und Festlichkeiten. Kaum ein Tag verging ohne Ausfahrten, Jagden, Theater- und Musikaufführungen. Marianne übernahm schon früh kleine Repräsentationsaufgaben und sie genoss dieses Leben in vollen Zügen. Besonders stolz war sie darauf, dass sie noch vor ihrem 18. Geburtstag auf ihre erste Redoute gehen durfte. Das hatte sie allein ihrem Vater zu verdanken. Fürstin Trautson hatte sich mit dem Argument, sie sei zu jung und ihre Gesundheit sei zu angeschlagen für die Strapazen einer Ballnacht, vehement dagegen ausgesprochen.

Wie sehr die Fürstin Recht hatte, sollte sich wenige Monate später dramatisch bewahrheiten. Zu Ostern 1757 erkrankte Marianne nach einer leidenschaftlich durchtanzten Nacht an einem »Catarrh«. Was vorerst für eine Erkältung gehalten wurde, entwickelte sich zu einer schweren Lungenentzündung. Marianne litt unter hohem Fieber, von Tag zu Tag fiel ihr das Atmen schwerer. Schließlich wurde das »Äußerste« befürchtet. Sie erhielt im Beisein der Eltern und sechs der Geschwister die Sterbesakramente.

Dann aber geschah ein Wunder. Das Fieber ging zurück, die Todkranke erholte sich. Die schwere Krankheit hinterließ jedoch tiefe Spuren, körperlich und seelisch. Marianne begann, sich schief zu halten. Die Ärzte vermuteten Verwachsungen, die sich bei der Ausheilung der Lungenentzündung im Bereich der Wirbelsäule gebildet hätten. Ein Mittel dagegen wussten sie nicht. Und so verkrümmte sich die Wirbelsäule möglicherweise infolge einer Tuberkulose stärker und stärker und wuchs sich mit den Jahren zu einem Buckel aus. Marianne versuchte, ihn durch entsprechende Kleidung, weite Krägen, Schals und Umhänge so gut wie möglich zu kaschieren. Die seelischen Wunden waren genauso schwer zu verbergen. Ganz im tief religiösen Geist ihrer jesuitischen Erziehung sah sie in der schweren Krankheit eine Prüfung oder sogar Strafe Gottes.

In ihrem 1773 verfassten »Asketischen Tagebuch« reflektierte Marianne ihre Jugendjahre und ihre schwere Krankheit: »Ich bin mit einem Feuer und Heftigkeit der Passionen geboren, so eine nur männliche und ziemlich zerstreute Erziehung immer mehr vermehret hat. Ich lebte in der Blüte meiner Jugend an einem der lustigsten Höfe unter einer großen Anzahl Jugend, welcher kein Zaum angelegt war … Es ist keine erlaubte Freud so ich nicht bis zum Unsinn trieb, es ist keine strafmäßige Leidenschaft, der ich nicht mit Heftigkeit anhing; ich brachte in diesem Taumel die 17 schönsten Jahre meines Lebens zu. Gott, der mich allzeit auf eine vorzügliche Art zu sich ziehen wollte, schickte mir in Mitte dieser Zeit eine tödliche Krankheit … Die Krankheit als nahende Gefahr verging. Mit dem Leben kamen die Passionen wiederum in ihrer Heftigkeit. Sie waren nur verändert, weil der Körper die vorigen nicht übertragen konnte. Anstatt viele Tage zu jagen und viele Nächte zu tanzen, spielte ich und las Romane Tag und Nacht …«[4]

Was Marianne unter ihren »Passionen« verstand, klärt Pater Adolf Innerkofler in seiner Jubiläumsschrift zum 200-jährigen Bestehen des Elisabethinen-Konvents in Klagenfurt: »Was vor ihren Augen keine Gnade findet, war nur die frische, fröhliche Jugendlust, mit der sie sich vor dem Tode ihres kaiserlichen Vaters allen

Festlichkeiten des Hoflebens … hingab; Doch in ihrem Geiste war eine so tiefe, moralische Kraft, daß es sie hierin keine Ruhe finden ließ. Sie mußte Herrin werden, Herrscherin vor allem über sich selbst. Sie fand nicht Ruhe, bis sie nicht eine Asketin ward …«[5]

Nach ihrer schweren Erkrankung konnte Marianne an vielen Aktivitäten des Hofes nicht mehr teilnehmen. Je mehr Maria Theresia ihre Geschwister bevorzugte und sie zu dem von der Mutter am wenigsten beachteten und geliebten Kind wurde, desto stärker wandte sie sich dem Vater zu, Franz Stephan. Er schenkte seiner ältesten Tochter Zuneigung und Verständnis, spielte mit ihr leidenschaftlich gerne Karten und verstand es, sie für naturwissenschaftliche Themen zu begeistern.

Bis im Oktober 1760 Isabella von Parma am Wiener Hof Einzug hielt. Von da an hatte die schöne und geistreiche Gattin des Thronfolgers den Vorrang vor der ältesten Tochter des Kaisers. Und nicht nur das. Franz Stephan war auf Anhieb von ihrer aparten Schönheit, ihrem Kunstsinn und ihrem wachen Geist bezaubert. Jetzt musste Marianne auch seine Liebe teilen. Das verursachte Schmerzen. Auch körperliche.

Ein asketisches Leben

Marianne zu verheiraten, war für Maria Theresia längst kein Thema mehr. Für die »bucklige« Marianne ließ sich kein Heiratskandidat finden. Dass sie das Sorgenkind der Familie blieb, beweist ein Brief, den Maria Theresia im Dezember 1761 an Maria Antonia, die Gattin des Kurprinzen von Sachsen, schrieb: »Die ganze Zeit über lebte ich sehr zurückgezogen durch die Erkrankungen meiner beiden ältesten Töchter. Wegen der Ältesten bin ich noch immer sehr besorgt, da sie sehr zart ist …«[6]

Dass es um Marianne immer stiller wurde, ertrug Fürstin Trautson nicht allzu lange. Die quirlige Obersthofmeisterin der Erzherzogin sah sich immer öfter von Festlichkeiten und glanzvollen Ereignissen ausgeschlossen. Sie schied aus dem Dienst aus. Zu ihrer Nachfolgerin wurde im Januar 1763 Gräfin Salmour ernannt, eine patriotische Polin.

Erwachsen geworden, führte Marianne ein strenges, asketisches Leben, das sie der Kunst und den Wissenschaften widmete. 1781 trat sie ins Kloster der Elisabethinerinnen in Klagenfurt ein.

Im Juni 1765 war Marianne kräftig genug, um mit dem gesamten Hof nach Innsbruck zur Vermählung ihres Bruders Leopold mit der spanischen Infantin Maria Luise zu reisen. Der Weg führte über Klagenfurt. Dort besuchte sie gemeinsam mit ihrer Mutter zum ersten Mal das damals bitterarme Kloster der Elisabethinerinnen. In Innsbruck traf die gesamte Familie kurz nach den Hochzeitsfeierlichkeiten der schwerste Schicksalsschlag: Franz Stephan von Lothringen verstarb plötzlich und unerwartet. Marianne schrieb später über das dramatische Ereignis: »... dieser Tod schlug mich zu Boden ...«[7]

Für Maria Theresia war mit dem Tod des geliebten Gemahls

die Sonne ihres Lebens untergegangen. Sie trug fortan nur noch schwarze Witwenkleidung. Vergnügungen und glanzvolle Veranstaltungen waren am Wiener Hof Geschichte. So blieb es auch, als Joseph zum Mitregenten wurde. Auch er litt unter Schwermut und konnte zeit seines Lebens den Tod seiner geliebten Isabella nicht verwinden. Entsprechend war die Stimmung in der Hofburg. Für Maria Theresia war es nach dem Tod ihres Gemahls wichtig, die »Waisen«, wie sie ihre Kinder nun nannte, wirtschaftlich zu versorgen. Marianne machte sie 1766 zur Äbtissin des von ihr gestifteten adeligen Damenstiftes auf dem Prager Hradschin. Diese weltliche Stellung erforderte nicht ihre ständige Anwesenheit, sie war aber mit hohen Einkünften verbunden.

Marianne lebte nach dem Tod ihres Vaters still, ja geradezu asketisch, sie führte ein »Eremitentum in der Welt«, betete viel und beschäftigte sich mit Zeichnen und Malen. Das bescherte ihr 1767 die Mitgliedschaft in der neuen Kaiserlichen Kupferstecher-Akademie in Wien und zwei Jahre später in der Großherzoglichen Akademie der Künste in Florenz. Vollkommen ungewöhnlich für eine Frau in der damaligen Zeit, betrieb sie wissenschaftliche Studien. Sie interessierte sich für Physik, Mechanik, Chemie, Botanik und Mineralogie und stand in engem Kontakt mit Ignaz von Born, dem berühmtesten Mineralogen jener Zeit. Ein Anliegen war ihr die Herausgabe von münzenartigen Denkmedaillen, auf denen die wichtigsten politischen und familiären Ereignisse des Kaiserhauses dargestellt waren. Diese Arbeit fasste sie in einem Folio-Band zusammen: »Sammlung der unter der glorreichen Regierung der Kaiserin Königin Maria Theresia bisher geprägten Denkmünzen«.

Schon in dieser Zeit spielte Marianne, nicht zuletzt wegen einer langjährigen unglücklichen Liebe, die allerdings immer ihr großes Geheimnis blieb, mit dem Gedanken, Wien und die Hofburg zu verlassen. 1769 schrieb sie an Agnes Künburg, die Oberin des Klosters der Elisabethinerinnen: »... Gott hat mir seine Gnade gegeben, die Welt und ihre Eitelkeiten zu erkennen und dadurch mir die Stärke erteilt, den Entschluß zu fassen, mein Leben zwar nicht als Klosterfrau, doch in der Einsamkeit und im Dienste des Nächsten zu schließen. Ich habe dazu Klagenfurt, und zwar Sie und Ihre frommen Schwestern ausgesucht...«[8]

Die folgenden Jahre in der Hofburg waren für Marianne alles andere als angenehm. Maria Theresia behandelte sie meist unfreundlich und schlecht und ließ keine Gelegenheit aus, sie zu kritisieren. Fielen harte Worte, bildeten sie für den gesamten Hofstaat den Startschuss dafür, Marianne ebenfalls respektlos zu behandeln. Das bemerkte 1778 auch Leopold bei seinem Besuch in Wien. Er notierte: »Die Maria Anna hat keinen Einfluß, sie lebt ganz für sich und zurückgezogen und sieht nur einige Personen ihres Vertrauens… Wie die Kaiserin ist sie immer ernst, betrübt und melancholisch und fast immer krank. Sie hat viel Talent und Ehrgeiz, etwas zu gelten und sieht sich völlig verachtet und beschimpft bei allen Gelegenheiten, sowohl von der Kaiserin wie vom Kaiser, die ihr niemals ins Gesicht sehen und ihr die ärgsten Kränkungen zufügen…«[9]

Dass Maria Theresia die Leiden ihrer Tochter dennoch schwer bedrückten, geht aus einem Brief hervor, den sie drei Wochen vor ihrem Tod im November 1780 an Marie Antoinette schrieb: »Ich bin besorgt um Marianne, die von einer Verhärtung am Magen geplagt wird, die durch ihre schreckliche Mißgestaltung hervorgerufen ist, und sie alles, was sie ißt, wieder übergeben läßt, ohne Anstrengung zwar, aber auf die Dauer kann es so nicht weitergehen… Ich muß sie mit Schmerzen leiden sehen, und ihr Mut, der Ihnen ja bei ihr bekannt ist, fängt fast an sie zu verlassen…«[10]

Eintritt ins Kloster

Den Wunsch ihrer Tochter, nach ihrem Ableben nach Klagenfurt zu gehen, respektierte Maria Theresia. Sie beauftragte Architekt Nikolaus Pacassi, der schon beim Umbau des Schlosses Schönbrunn hervorragende Arbeit geleistet hatte, mit dem Bau eines Palais in unmittelbarer Nähe des Klosters.

Nach dem Tod Maria Theresias unternahm Joseph II. nicht den leisesten Versuch, Marianne in der Hofburg zu halten. Aber diese hatte ihren Entschluss ohnehin längst gefasst. Am 30. November 1780 schrieb sie an die Oberin des Klosters: »Wir haben das größte aller unglücklichen Schicksale erleben müssen. Gott hat meine größten, liebsten, meine einzigen Bande aufgelöst, und ich gehöre Ihnen jetzt allein …«[11]

Im April 1781 traf die Erzherzogin in Klagenfurt ein. Sie hatte dem Landeshauptmann strikte Anweisung gegeben, bei ihrem Empfang alles zu unterlassen, was dem Land Kosten bereiten würde. Als Einziges wünschte sie, dass sie der Bischof an der Kirchentür empfangen und dann eine Litanei mit Segen halten solle. Danach würde sie den Klosterfrauen den Handkuss geben. Trotzdem drängte sich am Tag ihrer Ankunft eine riesige Menschenmenge, um die »Beglückerin des Landes«, von der sich viele Wohltaten erhofften, zu begrüßen.

Tatsächlich enttäuschte Marianne ihre neue Umgebung nicht. Sie finanzierte Renovierungsarbeiten und die Erweiterung des Klosterspitals und erwies sich in vieler Hinsicht als mildtätig. Zu ihrem engen Kreis zählten die Nonnen, mit der Äbtissin verband sie eine so tiefe Freundschaft, dass sie ihr sogar das Du-Wort antrug. Bald bildete sich um sie ein geistiges Zentrum von Gelehrten und Dichtern. Dank ihrer großzügigen Spende von 30 000 Gulden konnten erstmals Grabungsarbeiten in der keltisch-römischen Stadt Virunum durchgeführt werden.

Mit freimaurerischem Gedankengut, vor allem mit den Idealen Wohltätigkeit, Toleranz und Nächstenliebe, war Marianne durch ihren Vater Franz Stephan von Lothringen vertraut gemacht worden, und später durch Ignaz von Born. 1783 wurde ihr zu Ehren in Klagenfurt die »Loge zur wohltätigen Marianne« gegründet. An der »Einbringung des Lichtes« und der ersten Logenarbeit nahm Ignaz von Born persönlich teil. Die Loge existiert auch heute noch.

Ab dem Winter 1788 verschlechterte sich der Gesundheitszustand Mariannes. Die Oberin notierte: »Beim herannahenden Winter vom Jahre 1788 auf 1789 ward die Gesundheit der durchlauchtigsten Fürstin sehr bedenklich. Sie bekam den gewöhnlichen Husten viel stärker und anhaltender als in den vorigen Jahren. Die Beschwerden des Alters vermehrten sich von Tag zu Tag. Die beste Fürstin durfte fast nichts von Speisen genießen, ohne dafür durch einige Stunden die beschwerlichste Beklemmung in der Brust zu

Ein Dankesschreiben Mariannes an die Loge »Zur wahren Eintracht«. An der Freimaurerei und den von ihren Mitgliedern gelebten Prinzipien der Wohltätigkeit, Toleranz und Nächstenliebe war die Erzherzogin zeitlebens interessiert.

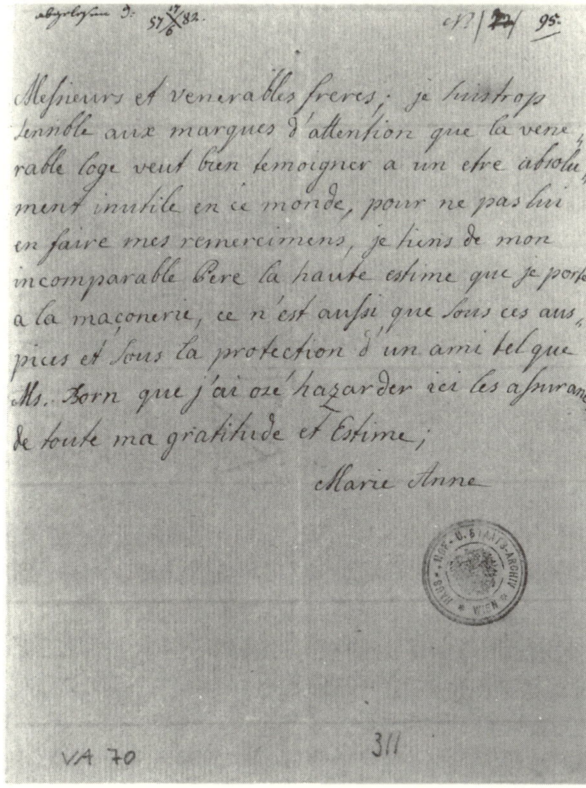

Messieurs et venerables freres, je suis trop sensible aux marques d'attention que la venerable loge veut bien temoigner a un etre absolument inutile en ce monde, pour ne pas lui en faire mes remercimens, je tiens de mon incomparable Pere la haute estime que je porte a la maçonerie, ce n'est aussi que sous ces auspices et sous la protection d'un ami tel que Ms. Born que j'ai osé hazarder ici les assurances de toute ma gratitude et Estime;

Marie Anne

fühlen. Dies machte, dass sie beschloss, während des ganzen Dezembers nichts als Suppenspeise zu essen. Diese Mäßigkeit erleichterte ihren Zustand einigermaßen, aber nicht merklich. Die Anfälle kamen wieder, bald schwächer, bald stärker …«[12]

In ihrer Sterbestunde trug Marianne den braunen Schlafrock ihres Vaters, in dem auch Maria Theresia gestorben war. Sie wurde in Klagenfurt wie eine Nonne begraben, ihr Vermögen von mehr als 150 000 Gulden erbte das Kloster der Elisabethinerinnen. Ihr Palais ist heute Sitz der Fürsterzbischöflichen Residenz in der – Mariannengasse.

3. KAPITEL

Einjährig von den „Fraisen" dahingerafft

MARIA KAROLINA (1740–1741)

❀

Die Rückkehr aus der Toskana war für Maria Theresia und Franz Stephan von Lothringen im Frühjahr 1739 wie das böse Erwachen aus einem lieblichen Traum. Nach den überschwänglichen Empfängen und glanzvollen Festen empfing sie in Wien die reinste Trostlosigkeit.

In weiten Teilen des Reiches wütete die Pest. Das Heer hatte schwere Niederlagen gegen die Türken erlitten, in den österreichischen Niederlanden gärte es, die Staatskassen waren leer. Botschafter Robinson schilderte die Situation im August 1739 nach London: »Hier geht alles in völliger Verwirrung dem Untergang entgegen; überall werden Symptome schlimmster Unordnung und Torheit sichtbar, wie sie nur einem vom Himmel verfluchten und durch innere Streitigkeiten wie durch allgemeines Mißgeschick heimgesuchten Volk beschieden sein können: Niederlagen, Unfähigkeit, Hunger, Armut und Pest …«[1]

Kaiser Karl VI., ohnehin zur Melancholie neigend, verfiel häufig in Depressionen. Zerstreuung und Ablenkung boten ihm lediglich seine Jagdausflüge. Neben all seinen Sorgen bedrückte ihn am meisten, dass er »niemals Söhne sehe«. Entsprechend groß waren die Erwartungen, als Maria Theresia wieder guter Hoffnung war. Und entsprechend groß war die Enttäuschung, als am 12. Januar 1740 als drittes Kind des Erzherzogpaares abermals ein Mädchen zur Welt kam. Es wurde noch am Abend desselben Tages getauft. Auf ausdrücklichen Wunsch von Maria Theresia erhielt es nach der Schwester von Franz Stephan von Lothringen die Namen Maria Karolina Ernestina Antonia Johanna Josepha.

Eine gestrenge Frau Mama

Maria Theresia regelte den Tagesablauf ihrer Kinder von Anfang an bis ins kleinste Detail. Was sie zwischen Morgen- und Abendgebet zu tun hatten, war minutiös festgelegt, von den Unterrichtsstunden über die »Freizeit« bis zur Zusammenstellung der Mahlzeiten. Die Kinder bereiteten ihrer Mutter später dennoch große Sorgen. Einige erwiesen sich resistent gegen Erziehungsmaßnahmen, zeigten kaum Interesse für den Lernstoff und dachten nur an Vergnügungen. Andere wieder wurden durch schwere Krankheiten gezeichnet.

Für das mit großer Sorgfalt ausgesuchte Personal und die Erzieherinnen ihrer kleinen Töchter, die Ajas, sowie für die Erzieher ihrer Söhne, die Ajos, arbeitete Maria Theresia genaue Instruktionen aus. Eine einschneidende Neuerung war, dass sie das feste Einschnüren in Steckkissen untersagte. Die Säuglinge sollten sich bewegen können und durften daher nur in bequeme Windeln gewickelt werden. Voraussetzung für das Personal war außer tadellosem Benehmen, dass es Geduld, Ausdauer und Liebe zeigte. Maria Theresia verbot aber ausdrücklich, dass die Kinder verzärtelt wurden, erlaubte nicht einmal für die ersten Monate eine Kindersprache. Die Kleinen sollten von Anfang an richtiges Deutsch hören – was sich später bei allen zu einem liebenswerten Wienerisch auswuchs.

Auf Sauberkeit hatte bei der Pflege der Kinder peinlich genau geachtet zu werden – »Kampeln« und Waschen hatte täglich zu erfolgen, Füße Waschen einmal pro Woche. Von allem Anfang an sollten die Kinder zu Gehorsam erzogen und rechtzeitig abgehärtet werden. Angst vor Blitz und Donner, Sturm und Hagel war verpönt, die Erzieher hatten die Naturerscheinungen sachlich zu erklären. Naschen kam nicht in Frage und als Speisen gab es nur, was Leibarzt van Swieten empfahl. Bequemlichkeiten waren nicht erlaubt. Es gab weder weiche Betten noch Daunendecken. Die Kinder hatten bei Licht und zu Geräuschen abwechselnd einmal am Kopf- und dann wieder am Fußende zu schlafen, und wohlig warme Kleidung war trotz der ungemütlichen, zugigen Räume der Hofburg nicht einmal den Kleinkindern gestattet.

Instruktionen der Mutter regelten auch später den Alltag und die Erziehung. Religion sollte das Fundament der Erziehung bilden. Und die Lehrer hatten auf die Kinder einzugehen. Statt ihnen Wissen autoritär einzutrichtern, sollten sie auf ihren Charakter und ihre Talente Rücksicht nehmen und mit dem Unterricht ihr Interesse wecken.

Der Tod Kaiser Karls VI.

Die Geburt des dritten Kindes bildete den Auftakt zu dem für Maria Theresia wohl schicksalhaftesten Jahr. Schon fünf Monate später starb, am 7. Juni, ihre erstgeborene Tochter, Maria Elisabeth. Das war ein schwerer Schlag für die junge Mutter. Im Herbst desselben Jahres aber sollte es noch schlimmer kommen.

Kaiser Karl VI. hatte den Frühling in Laxenburg verbracht, bei

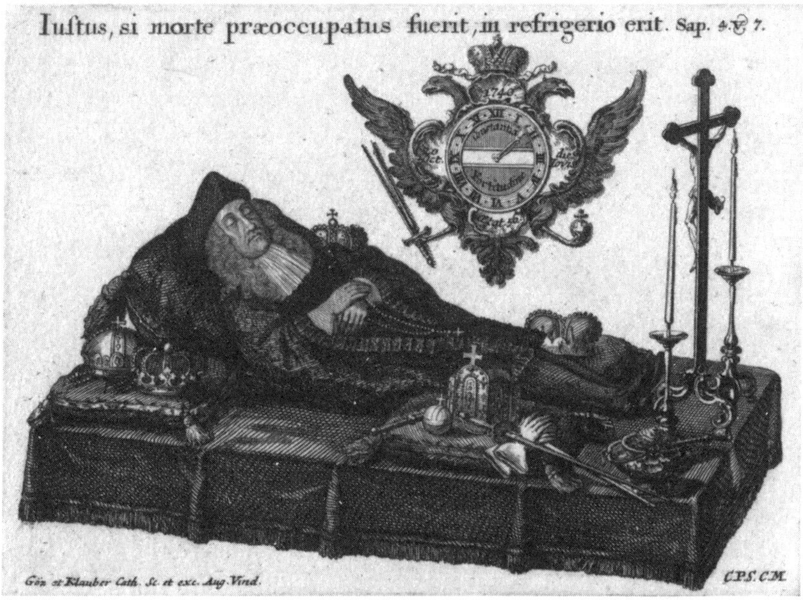

Mit dem Tod Karls VI. – hier auf dem Totenbett aufgebahrt – endete eine Ära. Maria Theresia übernahm die Regentschaft in einer schwierigen Zeit: Das Reich war nahezu bankrott und von zahlreichen Feinden bedroht.

seiner heiß geliebten Reiherbeize. Im Hochsommer hatte er versucht, sich in der Favorita, dem heutigen Theresianum, mit Scheibenschießen abzulenken, und Anfang Oktober war er nach Halbthurn gereist, das er wegen seiner Wildbahn besonders schätzte. Dort erkrankte er plötzlich, nachdem er sautierte Pilze gegessen hatte. Er kehrte, unterwegs immer wieder von heftigem Erbrechen gequält, früher als geplant in die Favorita zurück. Maria Theresia eilte an sein Krankenbett, konnte mit ihrem Vater noch ein inniges Gespräch führen und – fiel in Ohnmacht. Schließlich war sie zum vierten Mal schwanger.

Karl VI. starb nach zehn Tagen heftigen Leidens am 20. Oktober um 2 Uhr früh. Mit ihm verlor das Haus Habsburg seinen letzten männlichen Spross. Die Ärzte konstatierten eine Entzündung der Leber. Vieles spricht dafür, dass es sich um eine Vergiftung durch Knollenblätterpilze handelte. Als sein Tod wenig später den Österreichischen Erbfolgekrieg auslöste, schrieb Voltaire: »Dieses Pilzgericht hat das Schicksal Europas verändert.«

Wie sehr Kaiser Karl VI. der spanischen Etikette verbunden war, bewies er sogar am Totenbett. Während der letzten Ölung beklagte er sich darüber, dass nur zwei Kerzen brannten, wo ihm, dem Kaiser, doch eigentlich vier Kerzen zustanden. Aufgebahrt wurde der letzte Barockkaiser in der so genannten Ritterstube der Burg unter einem schwarzen Baldachin zwischen »Waxlichtern« in einem schwarzen spanischen Mantel, mit Perücke und Federhut auf dem Kopf und einem Degen an der Seite. Das Wienerische Diarium meldete: »Der gewesene Zulauf sowol von dem Adel als denen Gemeinen um den weiland Allergnädigsten Kaiser und mildesten Landesfürsten zum letzten Mahl zu sehen ist unmöglich zu beschreiben …«[2]

Maria Theresia – Herrscherin über ein Riesenreich

Maria Theresia stand mit einem Schlag vor der ungeheuren Verantwortung, ein riesiges, von Feinden bedrohtes, nahezu bankrottes Reich zu regieren. Noch am Todestag des Kaisers trat sie auf Grund der Pragmatischen Sanktion die Herrschaft über die österreichischen Länder an. Ganz in Schwarz gekleidet, empfing sie die Minister und kaiserlichen Würdenträger. »Mit Tränen in den Augen nahm sie dieselben für sich in die Pflicht und bat sie alle, einstweilen noch ihres Amtes zu walten ... Wie der Lenz inmitten des Herbstes erschien sie im Kreise der bejahrten, hoffnungslosen Ratgeber ihres dahingegangenen Vaters, diese aufrichtend und ermunternd.«[3]

Am folgenden Tag eröffnete Maria Theresia die Sitzung des Ministerrates, der »Geheimen Konferenz«. Zum ersten Mal saß Franz Stephan von Lothringen an ihrer Linken. Ihn ernannte sie wenige Wochen später zum »Mitregenten«.

Als Kaiserin konnte Maria Theresia ihrem Vater nicht auf den Thron folgen, das war für eine Frau nicht möglich. Die Kaiserwürde ging – vorerst – auch nicht an Franz Stephan von Lothringen, sondern an den bayerischen Kurfürsten, der als Karl VII. aber nur wenige Jahre regierte. Erst 1745 gelang es Maria Theresia, die Kurfürsten des Deutschen Reiches umzustimmen. Dann endlich wurde ihr Gemahl Kaiser, er hieß nun Franz I. Stephan von Lothringen. Auch wenn er die Krone trug, das Zepter behielt seine Frau in der Hand. So blieb dem sanften, freundlichen, die Behaglichkeit und den Genuss liebenden Monarchen Zeit für seine Interessen. Er widmete sich naturwissenschaftlichen Themen wie Mineralogie und Alchemie, beschäftigte sich mit Münzen und Freimaurerei und züchtete Blumen. Daneben bewies er seine Tüchtigkeit in allen finanziellen Angelegenheiten. Er beteiligte sich mit untrüglichem Geschäftssinn an gerade entstehenden Webereifabriken, Porzellanmanufakturen, Lotterien und anderen lukrativen Unternehmungen und schuf dadurch den soliden Grundstock für das spätere immense Privatvermögen der Familie Habsburg-Lothringen.

Beim Regierungsantritt Maria Theresias befand sich das Haus Habsburg noch regelrecht im Tief. Das beobachteten die europäischen Mächte mit Argusaugen. Wo alles auf Zerfall und Niedergang hindeutete, witterten sie ihre Chance auf Umverteilung des Machtgefüges. Frankreich hoffte, sich im Zuge der österreichischen Erbfolgeprobleme die Niederlande aneignen zu können, Spanien schielte auf die österreichischen Nebenlande in Italien. Auch die Bevölkerung war beunruhigt. Sie fürchtete, Österreichs

Feinde – Türken, Russen, Bayern und Franzosen – könnten demnächst einfallen, die Beute sei bereits verteilt.

Dass eine Frau die Zügel in den Griff bekommen könnte, hielt niemand für möglich. Schon begannen die Abneigung und der Widerwille, die Franz Stephan immer öfter zu spüren bekam, auch auf Maria Theresia überzugreifen. Und dann kam alles ganz anders. Innerhalb kürzester Zeit gelang es der blutjungen Herrscherin, die Stimmung für sich zu entscheiden. Sie bewies Fleiß und Mut, öffnete die Tore der Hofburg für alle Bevölkerungsschichten, hatte ein Ohr für alle Anliegen und arbeitete unermüdlich von früh bis spät. Das sprach sich herum. Was niemand für möglich gehalten hätte, trat ein: Maria Theresia flogen die Herzen zu.

Graf Silva-Tarouca, Sohn des portugiesischen Botschafters zur Zeit von Karl VI., Erzieher von Maria Theresia in staatspolitischen Angelegenheiten und später »graue Eminenz« des Wiener Hofes, arbeitete einen genauen Stundenplan aus. Seine Absicht war es zu verhindern, dass sich die junge Herrscherin, die Tanz und glanzvolle Unterhaltungen über alles liebte, allzu oft Vergnügungen widmete. Er hatte nicht mit ihrem Ehrgeiz und ihrem Arbeitswillen gerechnet. Als er den Beginn des Arbeitstages mit 8 Uhr festlegte, korrigierte Maria Theresia energisch auf 6 Uhr. Und auch das Diner verlegte sie vor. Statt wie vorgesehen um 23 Uhr wurde nun schon um 20.30 Uhr getafelt – so sollte noch Zeit zum Studieren von Akten bleiben.

Als allmächtige, allgegenwärtige Herrscherin erwies sich Maria Theresia von Anfang an auch ihren Kindern gegenüber. Sie überwachte ihre Aktivitäten, mischte sich in alles und jedes ein und schalt und tadelte sie auch später, weit über das Kindesalter hinaus. In unzähligen Briefen kommentierte sie ihre Entwicklung und erteilte Weisungen und Ratschläge bis in intimste Bereiche. Das war ihr wichtig. Wie sehr, sollte sie 1774 in ihren Instruktionen an Maximilian erklären: »Trotz meines Alters, meiner Gebrechlichkeit und der Geschäfte, denen ich mich zu widmen hatte, bildete die Erziehung meiner Kinder doch immer den hauptsächlichsten und wichtigsten Gegenstand meiner Aufmerksamkeit.«[4]

Mitte Dezember 1740 erreichte Wien eine Hiobsbotschaft: König Friedrich II. von Preußen marschierte in Schlesien ein.

Maria Theresia, die junge Herrscherin, war schön, energisch und klug. Sie führte das Habsburgerreich zur Hochblüte.

Damit kam Gefahr von unerwarteter Seite. Maria Theresia schäumte vor Wut. Der preußische König, der übrigens auch erst wenige Monate zuvor den Thron bestiegen hatte, wurde zum Inbegriff des Bösen hochstilisiert, zum »Ungeheuer«, zum »Bösen Tier«. Sein Versuch, Schlesien zu okkupieren, verstieß aufs Gröbste gegen die Pragmatische Sanktion, die ja die Unteilbarkeit der österreichischen Lande festlegte. Dem musste Einhalt geboten werden. Maria Theresia entschloss sich zum Gegenangriff. Der Österreichische Erbfolgekrieg (1740–1748) entbrannte. Darin konnte Österreich zwar seine Großmachtstellung behaupten, nach Schlesien verlor es aber die norditalienischen Fürstentümer Parma, Piacenza und Guastalla, die an die spanischen Bourbonen fielen.

Noch ein Schicksalsschlag: Maria Karolina stirbt knapp einjährig

Mitten in dem nervenzermürbenden Kriegsgeschehen traf Maria Theresia im Januar 1741 ein weiterer schwerer Schlag: Ihre zuletzt geborene Tochter Maria Karolina erkrankte plötzlich schwer, sie wurde von heftigen Krampfanfällen geschüttelt und starb innerhalb kürzester Zeit. Als Todesursache wurden die Fraisen angenommen, eine Krankheit, die heute als Tetanie oder Spasmophilie bezeichnet wird. Maria Karolina hatte nur wenige Tage länger als ein Jahr gelebt. Für Maria Theresia war es ein großer Schmerz, innerhalb kurzer Zeit bereits das zweite Kind begraben zu müssen. Die Tränen versiegten aber wenige Wochen später angesichts eines überaus glücklichen Ereignisses. Im März, endlich, kam der lange ersehnte Thronfolger zur Welt: Joseph.

4. KAPITEL

Zyniker und Reformator

JOSEPH (1741–1790)

Die österreichische Monarchie erlebte ihre schwerste Krise seit langem. Eine Koalition europäischer Mächte, allen voran Frankreich und Spanien, Bayern und Preußen, versuchte nach dem habsburgischen Erbe zu greifen. Maria Theresia sah sich angesichts des Kriegsausbruchs nur wenige Monate nach ihrem Regierungsantritt »auf einmal zusammen von Geld, Truppen und Rat entblößet«. Die Lage war angespannt und bedrohlich, die Stimmung in der Bevölkerung auf dem Gefrierpunkt. In dieser Situation wurde Maria Theresias erster Sohn geboren. Der ersehnte männliche Thronfolger.

Wie sehr diese Geburt als regelrechte Erlösung empfunden wurde, beweist das Wienerische Diarium: »Montag, den 13den Martii. Heute in der fruhe zwischen 2 und 3 Uhr seynd Ihre Majestät die Königin zu Hungarn und Böheim Ertz-Hertzogin zu Österreich, unsere Allergnädigste Landes-Fürstin und Frau eines schön und wolgestalten Ertz-Hertzogen zu unaussprechlicher Freude Allerhöchster Herrschaften wie auch zum höchsten Trost alhiesiger Inwohner und gesammter Königl. Erb-Königreichen und Landen glücklichst entbunden worden; von welcher glücklichen Entbindung alsogleich der Ruf mithin ein immerwährendes Jubel-Geschrey durch alle Gassen noch bey eitler Nacht erschollen …«[1]

Wie bei allen Kindern des Kaiserhauses fand die Taufzeremonie noch am selben Tag statt. Der neugeborene königliche Prinz, um den Maria Theresia so eindringlich zum heiligen Joseph gebetet hatte, wurde in der Ritterstube der Hofburg auf die Namen Josephus Benedictus Augustus Joannes Antonius Michael Adamus

Preisgedicht auf die Geburt Josephs, des ersten Sohnes Maria Theresias: »Das Frohlockende Wien über den den 13. Martii 1741 von Ihro königlichen Majestät zu Hungarn und Böheim, auch Ertzherzogin zu Österreich höchst erfreulich zur Welt gebrachten Königlichen Prinzen.«

getauft. Endlich war das dynastische Erbe des Hauses Habsburg gesichert. Österreich konnte aufatmen. Von den Basteien donnerten Kanonen die frohe Botschaft weit ins Land hinein. Viele Bürger illuminierten ihre Häuser. Das Volk jubelte: »Jetzt hat Österreich die Hosen an!«

Maria Theresia – Königin von Ungarn

Drei Monate nach der Geburt des Thronfolgers hatte Maria Theresia eine schwere Hürde zu nehmen. In Ungarn regten sich einerseits Freiheitstendenzen, andererseits aber war klar, dass das Schicksal Habsburgs von Ungarn abhing. Schließlich wurde ein Kompromiss geschlossen. Maria Theresia gewährte Ungarn Privilegien wie Steuerfreiheit des Adels und Anerkennung des Palatins, des vom Reichstag gewählten Vizekönigs. Im Gegenzug sagten ihr die Magnaten die Anerkennung als »Ungarischer König« zu. Sie schworen in Latein, der Amtssprache Ungarns: »vitam et sanguinem pro rege nostro«, »Leben und Blut für unseren König« – eine weibliche Form gab es nicht.

Die Krönung am 25. Juni 1741 geriet zu einem triumphalen Ereignis. Maria Theresia fuhr umjubelt von der Bevölkerung in einem offenen Wagen vom Schloss zum Martinsdom. In einer weißen, mit Gold und blauen Blumen bestickten Tracht kniete sie vor dem Altar nieder und empfing vom Primas die für eine Frau viel zu große und viel zu schwere Stephanskrone. Den Abschluss der feierlichen Zeremonie bildete ein hochdramatischer Akt. Maria Theresia hatte auf einen vor dem Dom mit Erde aus allen Komitaten Ungarns aufgeschütteten Hügel zu reiten. Hoch zu Ross, die Stephanskrone auf dem Haupt, zog sie das Schwert in alle Himmelsrichtungen: Das Zeichen dafür, dass sie bereit war, das Land gegen alle Feinde zu verteidigen, woher sie auch kommen mögen. Die Ungarn jubelten ihrem neuen »König« zu.

Zur Krönung hatte Maria Theresia nur ihre beiden kleinen Töchter mitgebracht. Joseph hatte seinen ersten offiziellen Auftritt wenig später, und der fiel spektakulär aus. Angesichts der Bedrohung der habsburgischen Kernlande durch das bayerisch-französische Heer, das bereits Richtung Linz marschierte, trat Maria Theresia am 11. September 1741 vor den ungarischen Reichstag in Pressburg und bat um »Insurrektion«, um Bereitstellung von Truppen, die eigentlich nur für die Verteidigung von Ungarn vorgesehen waren. Ganz in Schwarz gekleidet, trug sie den sechs Monate alten Thronfolger im Arm. Als ihr am Ende ihrer in Latein vorgebrachten Rede Tränen über die Wangen liefen, waren die Repräsentanten des ungarischen Adels so gerührt, dass es zu tumultähnlichen Zuständen kam. Die Männer zückten ihre Degen, warfen sich ihrem »König« zu Füßen und schworen: »moriamur pro rege nostro Maria Theresia«, »wir wollen sterben für unseren König Maria Theresia«.

Ein eigenwilliges Kind

In der Wiener Hofburg veränderte die Geburt des Thronfolgers auch in der »Kindskammer« viel. Jetzt drehte sich alles nur noch um den kleinen Prinzen. Die beiden verbliebenen Schwestern bekamen dies schmerzlich zu spüren. Der kleine Joseph wurde von den Eltern und vom Kammerpersonal regelrecht hofiert und verwöhnt. Glücklich machte ihn das nicht. Sobald er sprechen konnte, wurde »I mog net« zu seinem Lieblingssatz.

Graf Podewils, der preußische Gesandte, zeichnete in seinen Beobachtungen des Wiener Hofes ein wenig sympathisches Bild von dem Sechsjährigen. Er beschrieb ihn als starrsinnig und trotzig, erwähnte, er lasse sich lieber einsperren oder zum Fasten verurteilen, als um Verzeihung zu bitten: »Sein Ausdruck ist stolz und hochmütig. Er hat schon jetzt die höchste Vorstellung von seinem Rang«, schrieb er und gab Maria Theresia indirekt die Schuld. »Sie lässt ihm viele Dinge, die sie tadeln müsste, hingehen, gibt sich jedoch manchmal den Anschein von Strenge.«[2]

Maria Theresia sah ihren »Pepi« nicht ausschließlich durch die rosarote Brille. Sie beurteilte zwar seine Lebhaftigkeit positiv und stellte Anzeichen »eines guten Herzens« fest, erkannte aber auch die Schattenseiten seines Charakters und deren Ursachen.

Als Mängel seines Charakters erwähnt die besorgte Mutter, dass ihr Sohn seine Fehler nicht eingestand, dass es ihm Freude machte, an »Jedermann« Fehler zu entdecken und sich darüber lustig zu machen, und sein heftiges Verlangen, seinen Willen in allen kleinen Gelüsten zu erfüllen. Ganz die »Übermutter«, erteilte sie seinen Kammerdienern genaue Anweisungen für die Körperpflege. Morgens und abends hatte er Mund und Hände zu waschen und einmal wöchentlich die Füße. Der Zahnarzt sollte zweimal die Woche um halb acht Uhr früh erscheinen, um seine Zähne zu putzen und zu pflegen. Jede kleinste Veränderung, Schmerzen oder Empfindlichkeiten, musste augenblicklich gemeldet werden. Auch Graf Batthyánys Aufgaben wurden minutiös aufgelistet: Er solle ihm den Stuhl zurechtrücken und ihm das Handtuch geben, wenn er mit seinen Schwestern speise, einschenken jedoch sollen ihm seine Kammerdiener – so genau war die Frau Mama.[3]

In den Kinderzimmern drehte sich alles nur noch um ihn, Joseph, den Thronfolger. Entsprechend verwöhnt und manchmal unausstehlich war er dann auch.

Ab dem Winter 1748 wurde es ernst für den altklugen und arroganten Joseph. Er besaß nun einen eigenen Hofstaat, war von Dutzenden Bediensteten umgeben und der neue Ajo ließ nicht mit sich scherzen. Feldmarschall Batthyány packte den kleinen Wildfang, der zeitweise so schlimm war, dass ihm seine Mutter sogar die Rute androhte, hart an. Das wirkte, und zwar grundlegend. Joseph, der auf Wunsch seines Vaters schon mit sieben Jahren zum Obersten des Regiments Althann ernannt wurde, sollte sein Leben lang eine Vorliebe für alles Militärische behalten. Konträre Nachwirkung zeigten hingegen die vielen religiösen Übungen auf Anweisung der Mutter: Der Tag müsse stets mit einem Gebet beginnen, am allerwichtigsten für ihren Sohn sei es, Gottes Allmacht anzuerkennen, ihn zu lieben und zu fürchten und aus den »wahren christlichen Übungen und Schuldigkeiten alle übrigen Tugenden zu schöpfen ...«.[4]

Josephs Erziehung

Anders als seine Schwestern wurde Joseph regelrecht gedrillt. Er wurde als »Einzelkind« erzogen. Sein Tagesablauf war exakt geregelt. Zwischen 6.45 Uhr mit Aufstehen und Morgengebet und dem Musik- und Tanzunterricht zwischen 18.30 und 19.30 Uhr lag ein Stundenplan, der kaum Spielraum zuließ. Joseph musste Französisch büffeln, was ihm gar nicht gefiel, Latein, was ihm eher lag, und dazu Italienisch, Tschechisch und Ungarisch – schließlich würde er einmal König von Ungarn sein. Er erhielt Unterricht in Geschichte, Geografie, Arithmetik, Geometrie, Feldmesserei und Kriegsbaukunst. Er lernte Fechten, Tanz und Rhetorik und brachte es auf Klavier und Violoncello zu einer gewissen Fertigkeit. Viermal im Jahr musste er Prüfungen ablegen – sie fielen meist nicht glorios aus, der zukünftige Herrscher zeigte empfindliche Wissenslücken.

Der Lehrer, der Joseph am stärksten prägte, war der aus Thüringen stammende Professor für Staats- und Lehensrecht, Christian August Beck. Friedrich Weissensteiner schreibt dazu in »Die Söhne Maria Theresias«: »Beck hat die Gedankenwelt und das Weltbild des jungen Joseph entscheidend geprägt. Er machte ihn mit den Lehren der Aufklärung vertraut, die beim Thronerben des Hauses Habsburg auf fruchtbaren Boden fielen: Der Herrscher sei für sein Handeln nicht Gott verantwortlich, er habe dem Volk zu dienen und um das Wohl seiner Untertanen bemüht zu sein. Er solle für religiöse Toleranz eintreten, die Folter abschaffen, die kein taugliches Mittel zur Wahrheitsfindung im Strafrecht sei, und die Leibeigenschaft aufheben.«[5]

Becks für die damalige Zeit hochmoderne Ideen trugen Früchte. Joseph setzte sich später auch intensiv mit den französischen Philosophen der Aufklärung auseinander. Damit war der Konflikt mit seiner geistig noch ganz im Zeitalter der Gegenreformation und des Absolutismus, der uneingeschränkten, von Gott verliehenen Macht, verhafteten Mutter vorprogrammiert.

Im August 1756, als Joseph 15 Jahre alt war, hielt sich die kaiserliche Familie in Ungarn auf. Maria Theresia beobachtete mit größtem Missvergnügen, dass ihr Mann nicht nur auf das Wild Jagd machte, sondern auch auf die schöne Wilhelmine Auersperg. Da marschierten preußische Truppen in Sachsen ein. Maria Theresia eilte nach Wien zurück. Der Siebenjährige Krieg (1756–1763) entbrannte. Bald waren sämtliche europäische Großmächte involviert, Zehntausende Soldaten verloren ihr Leben auf den Schlachtfeldern Mitteleuropas und sogar die Karibik und die Weltmeere wurden zu Kriegsschauplätzen. Maria Theresia setzte alles daran, Schlesien zurückzugewinnen. Vergebens. Der Preußenkönig erwies sich als geschickter Feldherr und raffinierter Politiker. Und Joseph, der in jugendlichem Eifer den Verlauf des Krieges verfolgt hatte, zeigte offen Bewunderung für den Preußenkönig – zum Entsetzen seiner Mutter.

Bei diesem Schock sollte es nicht bleiben. Zu Beginn des folgenden Jahres erkrankte Joseph plötzlich schwer. Er fieberte hoch und wurde von Krämpfen geschüttelt. Als am ganzen Körper rote Flecken, Blasen und Pusteln auftraten, stand fest: Der Thronfolger war an den Pocken erkrankt, jener furchtbaren Seuche, die in immer wiederkehrenden Wellen ganz Europa heimsuchte. Wie durch ein Wunder überlebte Joseph die schwere Krankheit, er trug nicht einmal bleibende Schäden davon.

Josephs Jugend und Hochzeit

Wie für alle ihre Kinder wälzte Maria Theresia auch für Joseph schon in zartestem Alter Heiratspläne. In die engere Wahl kam zunächst eine neapolitanische Prinzessin, dann entschied sich Maria Theresia jedoch aus dynastischen Gründen für die Infantin Isabella von Parma, Tochter von Don Philipp, Herzog von Parma und Elisabeth Louise, der Lieblingstochter König Ludwig XV. Davon erhoffte sie sich eine Stärkung des neuen Bündnisses zwischen den Häusern Habsburg und Bourbon.

Joseph, inzwischen zu einem ausnehmend attraktiven, eleganten jungen Mann mit hoher Stirn, sanft geschwungener Nase und geistvollem Blick herangewachsen, war von den Heiratsplänen alles andere als begeistert. Und nicht nur das, er wurde von Zweifeln und Ängsten geschüttelt. »... je mehr der Moment heranrückt, desto aufgeregter bin ich«, schrieb er an seinen Obersthofmeister

Graf Salm. »… nicht aus Vergnügen, sondern aus Furcht, nicht glücklich zu werden. Ich fühle mich sehr jung und kaum imstande, mich selbst zu leiten – wie soll ich eine Frau lenken? Ich habe noch niemals die Reize der Liebe erfahren, Gott weiß, wie es mir ergehen wird …«[6]

Nachdem ihn sein Vater aufgeklärt hatte, erfasste ihn erst recht die Panik. »Ich fürchte mich mehr davor, mich zu vermählen, als ob ich in eine Schlacht zöge« schrieb er an Graf Salm. »… besonders, seit ich die Instruktionen empfangen habe, die mich erschreckt und aufs Äußerste überrascht haben … schon der Gedanke an das, was mir bevorsteht, fällt mir schwer und erregt meinen Ekel … Wäre ich ein Privatmann, ich würde alles rückgängig machen und mich niemals entschließen zu heiraten. Aber als Opfer des Staates gebe ich mich eben hin.«[7]

Maria Theresia ahnte nichts von den Ängsten ihres Sohnes, sie sah der Ankunft ihrer zukünftigen Schwiegertochter freudig entgegen. An Maria Antonia, die Kurfürstin von Sachsen, schrieb sie im Juni 1760: »Die Schwiegertochter erwarte ich ungeduldig, es gibt nur ein Urteil über sie: der liebenswürdigste Charakter, der bestgebildete Geist, dazu ein reizendes Äußeres und viel Sanftmut. Meinen Sohn finde ich sehr glücklich, und er verdient wohl dieses Glück. Ich kann mit ihm zufrieden sein, er hat einen guten Charakter, ist aber wenig zuvorkommend …«[8]

Am 2. Oktober 1760 stand Joseph in Laxenburg Isabella zum ersten Mal gegenüber. Er war auf Anhieb hingerissen: eine Märchenprinzessin. Klein, zierlich, mit großen Augen im ovalen Gesicht, einer hohen, reinen Stirn, dunklem Haar und einem kleinen, wohlgeformten Mund. Ihre Bewegungen waren anmutig und ihre Stimme glockenhell.

Wie ein Märchen liefen auch die folgenden Tage ab. Obwohl mitten im Krieg, richtete der Kaiser aus privatem Familienvermögen ein Hochzeitsfest aus, das an barockem Pomp nicht zu überbieten war. Ganz Wien war auf den Beinen, um den Einzug der Prinzessin mitzuerleben. In den Straßen standen die Menschen in doppeltem Spalier, als zuerst das Regiment des Kaisers einmarschierte und dann langsam, wie von Zauberhand gezogen, 120 aufwändig geschmückte Prunkkarossen folgten.

Das in Prachtgewänder aus Silberstoff gekleidete Traumpaar wurde in der Augustinerkirche getraut. Abends erstrahlten die Hofburg und die Straßen um den Stephansdom in einer Illumination, wie sie Wien noch nie erlebt hatte. Allein im Inneren Burghof brannten zwei Reihen von 3000 Wachskerzen und dazu unzählige Fackeln. Die ganze Nacht donnerten von der Bastion Kanonenschüsse und im Schein Tausender Lampions tanzten und sangen die Menschen in den Straßen.

Eine seltsame Ehe

Die Ehe zwischen Joseph und Isabella entwickelte sich höchst merkwürdig. Während der junge Thronfolger seine aparte und geistreiche Frau regelrecht anbetete und in ihr auch seine engste Vertraute und Freundin sah, empfand sie für ihn Gleichgültigkeit, fand sich von seinen unbeholfenen Liebesbezeugungen möglicherweise sogar abgestoßen. Er lebte in der Gewissheit, mit ihr eine Zeit inniger Zweisamkeit und schönster Harmonie zu verbringen. Was in seiner exaltierten, in romantischen Gefühlen schwelgenden Frau vorging, blieb ihm verborgen. Er fragte auch nicht nach. Schließlich hatte er immer nur gelernt, sich mit sich selbst zu beschäftigen.

Isabella hingegen brachte zu Papier, was sie empfand. Sie schrieb unaufhörlich. Gedichte und Briefe, philosophische Betrachtungen und Essays. Dabei machte sie ihrer Abneigung gegen das männliche Geschlecht Luft. Männer seien die unnützesten Geschöpfe der Welt, schrieb sie in einem Aufsatz, sie bestünden hauptsächlich aus Eitelkeit und Egozentrik. Das Bewusstsein ihrer Minderwertigkeit veranlasse sie, Frauen zu knechten.

Joseph war bald der Einzige am Hof, der nicht wusste, dass seine Frau lesbisch war. Die im Kloster erzogene Isabella, die oft von Schwermut und Todesahnungen heimgesucht wurde, verband mit Marie Christine, »Mimi«, der Lieblingstochter Maria Theresias, ein intensives Interesse an Musik und Kunst. Aber nicht nur das. »Ich lebe, um Dich zu lieben«, schrieb Isabella an ihre Liebste. »Ich küsse Sie und bete Sie an bis zu einem Grade, den ich nicht sagen kann. Ich werde Ihnen aber doch sagen, daß ich Sie rasend liebe und daß ich hoffe, Sie gut zu küssen und von Ihnen geküsst zu werden« ... »Allerliebster, allerschätzbarster Schatz,... ich küsse Dein ertzenglisches arscherl ...« Die beiden tauschten sogar ihre Nachtstühle aus, um bei der Benützung aneinander zu denken.[9]

Während Isabella ihre Angebetete mit liebevollen Kosenamen wie »Mein Engel«, »Allerliebster Esel«, »Liebe Alte« oder »Badwaschl« bedachte, war ihr Gemahl für sie immer nur »der Erzherzog«. Sie erwähnte nicht einmal seinen Vornamen. Er hingegen nannte sie »Tia-Tia«. Und sein Glück war perfekt, als sie ihm eröffnete, guter Hoffnung zu sein.

Isabellas Todesahnungen

Die Geburt des ersten Kindes verlief hochdramatisch. Am 19. März 1762 setzten die Wehen ein. Sie hielten den ganzen Tag und die ganze Nacht an. Schließlich erreichten sie ein derart qualvolles Ausmaß, dass die kaiserliche Familie in mehreren Kirchen Wiens das Allerheiligste aussetzen und um eine glückliche Entbindung beten ließ. Das Kaiserpaar selbst lag in der Hofkapelle auf den Knien und betete Rosenkranz um Rosenkranz. Die Gebete wurden erhört. Isabella brachte ein gesundes Mädchen zur Welt. Es wurde nach seiner Großmutter Maria Theresia genannt. »Sie wird keine sieben Jahre alt«, prophezeite die junge Mutter.

Die Geburt eines männlichen Thronfolgers war auch für Joseph ein zentrales Thema. Zweimal gab es Hoffnung, und zweimal wurde die Hoffnung enttäuscht. Isabella erlitt im August 1762 und im Januar 1763 Fehlgeburten. Ihr Gemütszustand verdüsterte sich. Sie hatte immer öfter Todesahnungen. Im Januar sandte sie »Mimi« ein Billet mit Glückwünschen zum Neuen Jahr – und schrieb: »Ich selbst werde dieses begonnene Jahr nicht überleben«. Als sie im Herbst aus Laxenburg nach Wien zurückkehrte, rief sie beim Anblick der Mauer von Wien: »Dort ist es, wo mich der Tod erwartet!« Und am 18. November verkündete sie zum Entsetzen ihrer Hofdamen beim Klang von Kirchenglocken: »Das ist das Zeichen! Es ruft mich!«

Die schöne, verführerische Isabella von Parma, Josephs II. erste Frau. Ganz Wien lag ihr zu Füßen, alle verliebten sich in sie – ihre Schwägerin Marie Christine inklusive.

Wenig später erkrankte Isabella schwer. Sie fieberte hoch, bald machten rote Flecken und Pusteln die schlimmsten Befürchtungen wahr: Sie war, im sechsten Monat schwanger, an den Pocken erkrankt. Am 20. November brachte sie ein Kind zur Welt, das noch auf den Namen Christine getauft wurde und zwei Stunden später starb. Eine Woche später starb auch Isabella. Ihre letzten Worte waren: »Mein ganzer Körper brennt, denn ich habe mit meinem ganzen Körper gesündigt.«

Verlust, Trauer und Einsiedlertum

Für Joseph brach die Welt zusammen. An seinen Schwiegervater schrieb er: »Ich habe alles verloren … Aufs tiefste betrübt und darnieder gedrückt weiß ich kaum, ob ich noch lebe. Welch schreckliche Trennung; werde ich sie überdauern? Ja, gewiß, nur um mein ganzes Leben hindurch unglücklich zu sein.«[10]

Traurig aber wahr: Joseph sollte Recht behalten. Er kam sein ganzes Leben nicht über den Tod seiner geliebten Tia-Tia hinweg. »Mimi« zeigte ihm die Briefe Isabellas, das änderte aber nichts daran, dass er sie weiterhin vergötterte. Eine weitere Liebe gab es in seinem Leben nicht. Maria Theresia aber machte Druck. Schließlich »überwand« sich Joseph aus »kindlicher Liebe« zu seiner Mutter und heiratete im Januar 1765 ein zweites Mal. Er hätte die jüngere Schwester von Isabella vorgezogen, wieder einmal traf aber seine Mutter die Entscheidung, ihre Wahl fiel auf Maria Josepha von Bayern. Joseph soll die Ehe nie vollzogen haben. Und nicht nur das. Er behandelte seine Gemahlin, die er als »kleine und dicke Gestalt mit hässlichen Zähnen« beschrieb, grausam, hartherzig und kalt. Um sie nicht sehen zu müssen, ließ er sogar den gemeinsamen Balkon in Schönbrunn abteilen. Maria Josepha entging einem langjährigen Ehe-Martyrium durch ihren frühen Tod. Sie starb 1767 wie Isabella an den Pocken. Joseph hatte ihr weder in ihren letzten Stunden beigestanden, noch nahm er an ihrer Beerdigung teil.

Einen schweren Schicksalsschlag musste Joseph 1770 hinnehmen, als seine über alles geliebte Tochter »Reserl« an »Rheumatischem Fieber« starb. Die Prophezeiung ihrer Mutter Isabella hatte sich erfüllt, sie wurde nur sieben Jahre alt.

Einer dritten Eheschließung widersetzte sich Joseph erfolgreich. Und sein Versuch, die Fürstin Eleonore Liechtenstein zu seiner Geliebten zu machen, scheiterte kläglich. Sie lehnte das Angebot dankend ab und begründete dies in einem Brief: »Armer Kaiser, im Grunde genommen ist er sehr beklagenswert. Sein Charakter, seine Denkungsart, sein Temperament sind seltsam, einsiedlerisch. Er wird niemals glücklich sein und wird nie jemand glücklich machen.«[11]

Mit zunehmendem Alter verstärkte sich bei Joseph soldatisches Auftreten, beißende Ironie, Zynismus und Ablehnung alles Weiblichen. Von ernsthaften Liebschaften ist nichts bekannt, sein Bruder Leopold behauptete allerdings, er sei hinter dem weiblichen Dienstpersonal her gewesen. Gemunkelt wurde auch von einer Beziehung zu einer Gärtnerstochter. Und davon, dass er kurze, unverbindliche erotische Abenteuer vorzog. Er soll sie mit Vorliebe am Spittelberg gesucht haben, dem anrüchigen Vergnügungsviertel hinter den Hofstallungen. Dorthin begab er sich allerdings inkognito – wie er dachte. Dass er sehr wohl erkannt wurde, wenn er die Dienste bestimmter Damen in Anspruch nahm, und dass er sich dabei offenkundig schwer daneben benahm, beweist die Inschrift im heutigen Gasthaus »Zur Witwe Bolte«: »Durch dieses Tor im Bogen kam Kaiser Joseph II. geflogen – 1778«. Der Errichtung von Bordellen allerdings stimmte der Kaiser ebenso wenig zu wie seine sittenstrenge Mutter. »Was, Bordelle? Da brauche ich über ganz Wien nur ein Dach machen zu lassen …« soll er gesagt haben.[12]

Erst König, dann Kaiser

Viel mehr als die Frauen und die Liebe lag Joseph das Wohl des Staates am Herzen. Noch blutjung, hatte er in französischer Sprache eine Herrschaftsutopie verfasst, die er »Rêveries« nannte, »Träumereien«. Für Maria Theresia war das starker Tobak, denn sie bekam darin zu lesen, dass ihr Sohn von der Schaffung eines »militärischen Wohlfahrtsstaates« und von Schuldenabbau träumte.

»Die Mächtigen müssten in ihren Einkünften geschmälert und die Hofhaltung und Verwaltung drastisch vereinfacht werden, um die Mittel zu einer blühenden Wirtschaft und zu einem von den Feinden gefürchteten Heer flüssig zu machen.«[13]

Im April 1764 ließ eine der letzten pompösen Barockzeremonien Maria Theresia derlei aufrührerisches Gedankengut ihres Sohnes vergessen. Joseph wurde im Dom zu Frankfurt am Main im Beisein seines kaiserlichen Vaters zum römisch-deutschen König gekrönt. Er selbst empfand diese Zeremonie als nicht mehr zeitgemäß, er litt darunter. Später gestand er seiner Mutter, er habe sich mit Mühe gerade gehalten, um zu verhindern, dass seine Knie einknickten. Während sein Herz von Gram erfüllt sei, müsse er sich den Anschein geben, er sei entzückt davon, zu einer Würde zu gelangen, die ihm nichts als Last sei.

Tatsächlich machte er in dem prächtigen Ornat und mit der viel zu großen Krone auf dem Kopf keine wirklich gute Figur. Johann Wolfgang von Goethe, der den Einzug der Majestäten in den Dom als 15-Jähriger miterlebte, beschrieb später Kaiser Franz I. durchaus positiv. Joseph kommt weniger gut weg: »Der junge König hingegen schleppte sich in den ungeheuren Gewandstücken mit den Kleinodien Karls des Großen wie in einer Verkleidung einher, so daß er selbst, von Zeit zu Zeit seinen Vater ansehend, sich des Lächelns nicht enthalten konnte. Die Krone, welche man sehr hatte füttern müssen, stand wie ein übergreifendes Dach vom Kopfe ab …«[14]

Für Joseph war diese Krönung aber erst der Auftakt. Schon ein Jahr später, nach dem unerwarteten Tod seines Vaters, fiel ihm die Kaiserwürde zu, er war nun Kaiser Joseph II., und dann wurde er auch Mitregent seiner Mutter. Viel zu regieren hatte er allerdings nicht. Dafür sorgte schon Maria Theresia. Sie überwachte alle seine Handlungen streng – immer unter dem Vorwand, sie trage Sorge um sein unbedachtes Wesen. Und sie hörte nicht auf, ihn zu kritisieren. Er solle sich davor hüten, an Bosheiten Gefallen zu finden, schrieb sie an den mittlerweile ausgeprägten Zyniker 1766. Er müsse aufhören, Witze und geistreiche Worte zu genießen, die andere lächerlich machen, und den Glauben zu erwecken, dass die Menschen insgesamt es nicht verdienen, geachtet und geliebt zu werden … und so weiter und so weiter, viele Seiten lang.[15]

Kaiser Joseph II., ein strenger Herrscher mit Hang zum Zynismus. An den Ideen der Aufklärung sehr interessiert, begab er sich zunehmend in Widerspruch zu seiner Mutter Maria Theresia.

Joseph, der Aufklärer und Modernisierer

Joseph begeisterte sich zunehmend für moderne, aufklärerische Ideen. Er war in vielen Fragen konträrer Meinung mit seiner Mutter, daraus ergaben sich Konflikte und Spannungen, die oft in lautstarkem Streit ausgetragen wurden. Eine gute Methode, ihnen zu entgehen, fand Joseph durch seine zahlreichen Reisen. Die allerdings fanden erst recht das Missfallen seiner Mutter. Sie hielt sie für die »Torheit unserer Zeit«, wie sie 1776 in einem Brief an Erzherzog Ferdinand schrieb.

Joseph reiste inkognito. Als Graf von Falkenstein – den Namen leitete er von einem kleinen habsburgischen Besitztum im Norden der heutigen Pfalz ab – bereiste er auf präzise geplanten Routen praktisch alle Länder der Monarchie, das Banat, Italien, Frankreich, den Balkan, die Niederlande. In 25 Jahren Regierungszeit verbrachte er 2260 Tage unterwegs, das machte ihn zu dem europäischen Herrscher, der die größte »Kilometerleistung« erbrachte. Was er unterwegs sah und hörte, diktierte er jeden Abend minutiös in seine Reisetagebücher. Dieses hautnah erlebte Wissen und die auf Reisen gemachten Erfahrungen bildeten die Basis für seine späteren Reformen.

Das einzige Betätigungsfeld, das Joseph als Mitregent mit Maria Theresia offen stand, war die Außenpolitik. Hier konnte er Erfolge für sich verbuchen wie die Annexion Galiziens, der Bukowina und des Innviertels. In der Innenpolitik hingegen musste er sich vorerst mit Maßnahmen zur Vereinfachung des Hofzeremoniells begnügen, mit der Öffnung der kaiserlichen Gärten für das Volk, der Abschaffung der Folter und der Errichtung des »deutschen Nationaltheaters«.

Bei der Königskrönung hatte sich Joseph für den Wahlspruch »Virtute et exemplo« entschieden, »Mit Tugend und Beispiel«. Als Kaiser Joseph II. orientierte er sich an dem Satz »Alles für das Volk, aber nichts durch das Volk«. Nach dem Tod seiner Mutter 1780 zum Alleinherrscher aufgestiegen, ging er rasch daran, diesen Grundsatz in die Tat umzusetzen. In rasantem Tempo, geradezu hektisch und verbissen, zog er seine Reformen durch. 22 Sekretäre hatten ihm Tag und Nacht zur Verfügung zu stehen.

Joseph reiste gern und viel. Inkognito, als Graf von Falkenstein, besuchte er unter anderem auch Slawkowicz in Mähren und pflügte dort auf dem Feld des Bauern Andreas Trnka, der Knecht Johann Kartosch führte die Zügel.

Joseph II. begann mit der Kirchenreform. Er gewährte 1781 mit dem Toleranzpatent Protestanten, Griechisch-Orthodoxen und Juden Religionsfreiheit, löste 700 Klöster auf, die sich nicht dem Unterricht oder der Krankenpflege widmeten, verringerte den Einfluss des Papstes, begründete neue Pfarren, vereinfachte den Gottesdienst und verbot »abergläubische Bräuche«. Er schuf den Luxus ab, dass jeder Tote in einem eigenen Sarg begraben wurde, und verordnete stattdessen den »Klappsarg«, der dank einer Klappe mehrmals verwendbar war. Er verbannte die Friedhöfe zum Schutz des Grundwassers aus den Städten, lockerte die Zensurbestimmungen, hob die Leibeigenschaft auf und führte Grundsteuer für bäuerlichen und adeligen Besitz ein. In einer regen Bautätigkeit entstanden Schulen, Waisen- und Armenhäuser sowie Krankenhäuser, darunter das Allgemeine Krankenhaus in Wien.

Viele dieser Reformen waren überhastet und mit mangelndem diplomatischem Gespür durchgezogen worden. Bald regte sich vehementer Widerstand. Unter ihrem Druck nahm Joseph viele

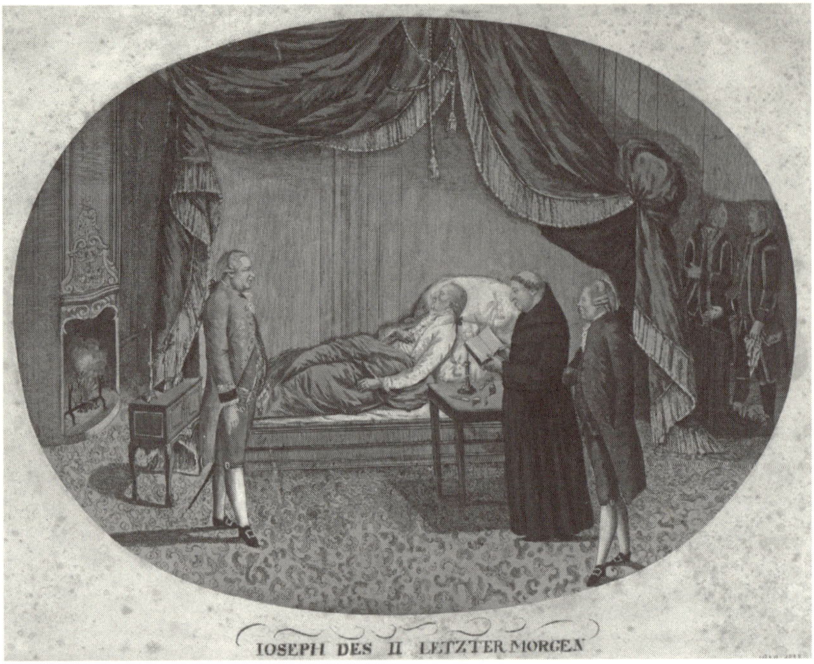

Am 20. Februar 1790, im Alter von nur 49 Jahren, starb Kaiser Joseph II. an einer Lungentuberkulose.

der Reformen zurück, allen voran die Besteuerung des Adelsbesitzes und den »Klappsarg«, gegen den die Wiener empört mobil gemacht hatten.

1788 brach ein neuerlicher Türkenkrieg aus. Joseph, schwer gezeichnet von einem Leiden, das die Ärzte als Lungenschwindsucht bezeichneten, reiste an die Front. Auf dem Rückweg aus dem Banat schrieb er seinem Bruder Leopold: »... Ich bin von dem Anteil gerührt, den Du an meiner Gesundheit nimmst. Sie ist so schlecht, daß ich an keine Wiederherstellung mehr glaube. Das Atmen wird mir schwer und bei der geringsten Bewegung habe ich Herzklopfen und kann mich nicht rühren, weder zu Fuß noch zu Pferde. Dazu eine Schwäche, die mich ermattet, daß mir die Beine versagen, der Puls niemals regelmäßig, wenig Schlaf; so bin ich und schleppe ich mich seit fast drei Monaten dahin ...«[16]

Zurück in Wien, verschlechterte sich der Gesundheitszustand

des Kaisers rasch. Die Lungentuberkulose zehrte an seinen Kräften, nachts ließen ihn quälende Hustenkrämpfe kaum schlafen. Am 20. Februar 1790 erlag er, zum Skelett abgemagert, seinem schweren Leiden. Er war nur 49 Jahre alt geworden. Auch wenn er kein Herrscher war, dem die Herzen zuflogen, waren seine Verdienste doch groß. Er hatte versucht, die veralteten und verknöcherten Strukturen der Habsburger-Monarchie aufzubrechen. In vielem war er seiner Zeit zu weit voraus und musste scheitern. In vielem aber gelang ihm eine echte Modernisierung und Erneuerung.

5. KAPITEL

Heiß geliebte „Mimi“

MARIE CHRISTINE (1742–1798)

Die fünfte Tochter Maria Theresias wählte einen ganz besonderen Tag, um das Licht der Welt zu erblicken. Ohne große Ankündigung platzte sie mitten in die glanzvollen Geburtstagsfeierlichkeiten für ihre Mutter. Und diese, immer offen dafür, außergewöhnliche Begebenheiten als wundersame Fügungen des Allerhöchsten zu bewerten, schloss das süße kleine Ding sofort in ihr großes Herz. Die entzückende »Mimi« war auf Anhieb ihre Lieblingstochter, ihr heiß geliebtes Nesthäkchen.

Es war der 13. Mai 1742, Pfingstsonntag, und gleichzeitig der Geburtstag Ihrer Majestät. Das Wienerische Diarium beschreibt diesen Tag: »Am Vormittag des Tages, an welchem Dieselbe in das 26ste Jahr Dero glorreichen Alters getretten, erschien der gesamte Adel in prächtigster Gala bey Hofe und stattete die gewöhnlichen Glückwünschungen unterthänigst ab ...« Anschließend begaben sich die gesamte Familie und der Adel zum Gottesdienst in die Hofkapelle. Mittags wurde »auf der Königin Seite öffentlich gespeiset« und für den Abend war ein Diner bei der Kaiserin-Mutter geplant. Dazu aber kam es nicht: »Ihro Königl. Majestät wurde ganz unvermutet von denen Kindes-Nöthen angegangen.«[1]

Das reizende Kleinkind Marie Christine entwickelte sich bald nicht nur zu einem ausnehmend hübschen, sondern auch zu einem klugen Kind. Christoph Graf Podewils, der preußische Gesandte, wusste im März 1747 über die damals Fünfjährige zu berichten: »Die Erzherzogin Marie Christine ist von sehr hübscher Gestalt und zeigt viel Geist. Sie spricht ebenso gern Französisch, wie ihr Bruder es haßt, und sie will nicht, daß man mit ihr in einer anderen Sprache spricht.«[2]

Als Marie Christine geboren wurde, waren es nur zwei Kinder, die in der Wiener Hofburg betreut und erzogen wurden, Marianne und Joseph. Innerhalb der folgenden fünf Jahre kamen vier weitere Kinder dazu. Bald verwandelte sich der Trakt mit den Kinderzimmern in den reinsten Taubenschlag. Ammen und Kinderfrauen, Ajos und Ajas, Lehrer und Geistliche gaben sich die Klinken in die Hand, es war ein ständiges Kommen und Gehen. Bei Betreuung, Unterricht in »trockenen« Fächern und Ausübung religiöser Pflichten wie Beten, Beichten und Teilnahme an Gottesdiensten blieb es aber nicht. Die Kinder nahmen an den Gala-Veranstaltungen teil, die zu den Namens- und Geburtstagen aller Familienmitglieder veranstaltet wurden. Sie musizierten, malten und tanzten und häufig wurden mit ihnen Theater- und Tanzaufführungen einstudiert. Nach Ansicht Maria Theresias stellte das eine gute Methode dar, um ihnen die Scheu vor öffentlichen Auftritten zu nehmen und ihr Selbstbewusstsein zu stärken – schließlich sollten sie später ja höchste Ämter bekleiden.

Maria Theresias Lieblingskind

In der Kinderschar nahm Marie Christine eine Sonderstellung ein. Maria Theresia bevorzugte diese hübsche, geistreiche und temperamentvolle Tochter von Anfang an. Sie nannte sie zärtlich »Mimi« oder »Mimerl«, las ihr jeden Wunsch von den Augen ab und überhäufte sie mit Geschenken und Aufmerksamkeiten. Das traf als Erstes Joseph, denn bis zur Ankunft der kleinen Schwester war er der gehätschelte Prinz, von allen hofiert und verwöhnt. Er fraß seine Eifersucht lange in sich hinein. Sobald er die Macht und die Möglichkeit dazu hatte, rächte er sich jedoch an seiner hübschen Schwester, und zwar eiskalt.

Auch die anderen Geschwister nahmen der schönen Marie Christine die Bevorzugung übel. Sie schlossen sie oft demonstrativ aus, weihten sie nicht in ihre Geheimnisse ein, ließen sie an gemeinsam geplanten Streichen oder Spielen nicht teilhaben und nannten sie nur »die Marie«. Die Abneigung stieg mit den Jahren. Als Maria Theresia noch dazu dieser Tochter als Einziger gestat-

Die vier ältesten Kinder Maria Theresias, v.l.n.r.: Maria Anna, Joseph, Marie Christine und Maria Elisabeth.

tete, den Mann ihres Herzens zu heiraten, statt sie im Zuge ihres politischen Kalküls in ein fremdes Land zu »verschachern«, schlug die Eifersucht gänzlich in Hass um.

Leopold machte sich später Gedanken darüber, wie es Marie

Christine geschafft hatte, das Schoßkind ihrer Mutter zu werden. Sie sei talentiert und wisse Maria Theresia bei ihren Schwächen zu nehmen, notierte der eifersüchtige Bruder. »Immer bedauert sie sie, gibt ihr recht, ist immer bei ihr zu allen Stunden und zu allen Zeiten, immer schreibt sie ihr, und auf diese Weise hat sie sie völlig gewonnen und macht mir ihr, was sie will.«[3]

Dass Maria Theresia auch bei ihrer Lieblingstochter oft und gern am Verbessern und Erziehen war, zeigt ein Brief, den sie im September 1754 an einem verregneten Tag von Schloss Podiebrad in Böhmen schrieb, wo der Kaiser vormittags auf der Jagd 150 Hirsche, Böcke und Frischlinge erlegt hatte: »Ich bin recht zufrieden mit Deinen Briefen, aber Deine Schreibweise ist noch zu flatterhaft. Du mußt gleichmäßiger sein und beim Schreiben nicht so hasten, man sieht ja, wie der Anfang ganz anders ist als das Ende ...«[4]

Da Marianne um vier Jahre älter und die folgenden Geschwister wesentlich jünger waren und Joseph von zartestem Alter an für sein späteres Herrschertum erzogen wurde, erhielt Marie Christine Unterricht wie ein Einzelkind. Ausgewählte Lehrer unterrichteten sie nach genau festgelegten Stundenplänen. Sie hatten sich nicht zu beklagen. Die kleine »Madame Marie«, wie sie ihr Vater nannte, der sie ebenfalls zärtlich liebte, lernte leicht, war wissbegierig und vielseitig interessiert. Dass sie ein ausgeprägtes Talent zum Zeichnen und Malen besaß, fiel bald auf, und so erhielt sie Lektionen in diversen Techniken.

Marie Christine, jung und verliebt

Am Wiener Hof ging es zu Lebzeiten Franz I. von Lothringen immer lustig und turbulent zu. Das ganze Jahr über bildeten Feste und Feierlichkeiten eine Kette opulenter Vergnügungen, in deren Rahmen ausgiebig gesungen, gespielt und getanzt wurde. Bei einem dieser Anlässe war es, dass sich die 17-jährige Marie Christine zum ersten Mal verliebte. Prinz Ludwig von Württemberg, der sich als Gast am Wiener Hof aufhielt, wusste sich dank seiner in Frankreich genossenen Erziehung galant zu bewegen, und als er

»Mimi« beim Menuett tief in die schönen Augen blickte, war es um sie geschehen. Als das Nesthäkchen vorsichtige Sondierungsgespräche bei Maria Theresia wagte, lehnte diese entschieden ab: Die Kaisertochter und ein Herzogssohn – ausgeschlossen. Und überhaupt gefiel ihr der Württemberger nicht, er erschien ihr auch zu wenig fromm. Damit war das Kapitel geschlossen.

Ein Jahr später sah die Sache ganz anders aus. Marie Christine war 18 Jahre alt, sie hatte ihren eigenen Hofstaat bekommen, übernahm erste Repräsentationsaufgaben und speiste an der kaiserlichen Hoftafel. Eigentlich war es längst an der Zeit, für sie Heiratspläne zu schmieden. Der Kaiser hatte auch schon eine Idee: Er dachte an seinen lothringischen Neffen, den Herzog von Chablais, der irgendwann einmal König von Sardinien sein würde. Maria Theresia konnte diesem Plan nichts abgewinnen. Zum einen, weil das Königreich Sardinien nicht gerade vielversprechend schien, und zum zweiten, weil »Mimi« ihr ein Geheimnis anvertraut hatte.

Im Januar 1760 waren zwei sächsische Prinzen in Wien eingetroffen, der 22-jährige Prinz Albert und sein um ein Jahr jüngerer Bruder Clemens. Die beiden ausnehmend gutaussehenden jungen Männer waren die Söhne von Kurfürst Friedrich-August II. von Sachsen, zugleich König von Polen. Sie wurden schon am Tag nach ihrer Ankunft vom Kaiserpaar in Audienz empfangen. Für den nächsten Abend lud das Kaiserpaar die beiden Gäste zu einem Hauskonzert in die Räume der Kaiserin. Dort begegneten sie den beiden Töchtern Maria Anna und Marie Christine. Albert von Sachsen fand beide hübsch, von der jüngeren aber war er auf Anhieb hingerissen: »… die jüngere aber vereinigte mit ihrem reizenden Äußeren, der tadellosen Figur, dem entzückenden Gesicht eine Lebhaftigkeit des Geistes, ein Temperament, alles Eigenschaften, die mich vom ersten Augenblick an begeisterten.«[5]

Die Begeisterung schien gegenseitig zu sein. Am nächsten Tag hatte das Paar noch Gelegenheit, einander bei einer lustigen Schlittenfahrt nach Schönbrunn näherzukommen, dann aber begann für beide eine lange, lange Zeit des Wartens und bangen Hoffens. Prinz Albert war der mittellose Sohn eines zwar angesehenen, aber

Ein wunderschönes Paar: der ausnehmend gut aussehende Albert von Sachsen-Teschen …

doch zweitrangigen Herrscherhauses – und Marie Christine war eine Kaisertochter.

»Mimi« gestand ihrer Mutter, dass sie sich in den jungen Prinzen verliebt hatte. Und sie hatte Glück. Maria Theresia mochte Albert von Sachsen. Es war ihr allerdings auch klar, dass ihr Gemahl so einer Heirat nie zustimmen würde. Aber andererseits: Je länger »Mimi« unverheiratet blieb, desto länger durfte sie sich über ihre Anwesenheit am Wiener Hof freuen. Also teilten Mutter und Tochter das große Geheimnis – und bemühten sich um Geheimhaltung.

Prinz Albert verließ Wien bald, er machte gemeinsam mit seinem Bruder den Feldzug gegen Preußen mit. Der Plan von Staats-

… und Marie Christine, Maria Theresias Lieblingstochter. Als einzige Tochter der Herrscherin durfte sie den Mann ihres Herzens heiraten.

kanzler Kaunitz, die im österreichischen Erbfolgekrieg verlorenen Gebiete durch einen Bündniswechsel zurückzugewinnen, war gescheitert. Österreich befand sich im Siebenjährigen Krieg (1756–1763). Albert wurde 1763 zum General der Kavallerie befördert und erhielt ein Kommando in Ungarn. Sein Bruder Clemens hingegen erkrankte schwer, musste aus dem Militärdienst ausscheiden und schlug die geistliche Laufbahn ein. Er wurde 1763 Bischof von Freising und Regensburg.

Isabella und Marie Christine

Im Herbst 1760 änderte sich das Leben am Wiener Hof grundlegend durch die Hochzeit Josephs mit Isabella von Parma. Der jungen Italienerin flogen die Herzen aller zu. Sie bezauberte nicht nur Joseph, sondern auch den Kaiser und Maria Theresia durch ihre Schönheit, ihre Intelligenz und ihr hinreißendes Geigenspiel. Marie Christine und Isabella waren sich schon lange zuvor durch liebevolle, herzliche Briefe nähergekommen. In Wien gestand Isabella ihrer Schwägerin ihre leidenschaftliche Liebe. Zwischen den beiden jungen Frauen flogen die Funken. Und Marie Christine, die von ihren eifersüchtigen Geschwistern so lange isoliert und geschnitten worden war, hatte plötzlich eine enge Vertraute, eine Herzensfreundin.

Isabella und Marie Christine sahen einander oft, in ihren Appartements oder an geheimen Orten, an denen sie sich verabredeten. Sie tauschten Zärtlichkeiten und Geheimnisse, breiteten voreinander die intimsten Gefühle und Gedanken aus. Während Isabella ihre geliebte Freundin mit einer wahren Flut von innigen, überschäumenden Briefen überschüttete, ist von Marie Christine nur ein relativ sachliches Schreiben erhalten, in dem sie ein Psychogramm ihrer Freundin zeichnete. Sicher ist, dass sie um den Gesundheitszustand ihrer Freundin zutiefst besorgt war und auch nicht von ihrer Seite wich, als sie todkrank war. Wie sehr sie Isabella schätzte, zeigt auch ein Bild, das sich nach ihrem Tod in ihrem Gebetbuch fand. Es zeigt Isabella mit ihrer kleinen Tochter Maria Theresia. Auf der Rückseite hatte Marie Christine neben Isabellas Todesdatum vermerkt, sie habe mit ihr die beste und wahrhaftigste Freundin verloren, die sie je hatte.

Ein großer Schicksalsschlag – und ein Happyend für „Mimi"

Sosehr Marie Christine der Tod Isabellas auch getroffen haben mag, an ihrer Verliebtheit in Prinz Albert änderte er nichts. Maria Theresia war weiterhin auf der Seite ihrer Tochter, sie hatte sich mit ihr geradezu verschworen. Im Frühjahr 1765 schrieb sie ihr: »Alles kann gelingen, wenn wir das strengste Geheimnis wahren. Vor allem darfst Du selbst dem Deinen keinerlei Hoffnung machen und darfst Dich keiner Menschenseele anvertrauen, zumal Dich ohnedies alle Leute schon bedauern.« Sie kenne ihre schwierige Lage, schrieb sie weiter, und das bekümmere sie sehr, doch sie solle sich noch ein paar Monate zurückhalten, dann bestehe Hoffnung, dass alles gut wird. »Deine Mutter und beste Freundin beschwört Dich, ruhig zu sein und alles in Gottes Hand zu legen, bei ihm allein wird Deine Seele Frieden finden. Ich habe Dich sehr lieb«.[6]

Durch Gottes Hand erfuhr die geheime Liebesgeschichte im Juli 1765 tatsächlich eine Wendung, allerdings eine tragische. Zur Vermählung von Erzherzog Leopold mit der Infantin Maria Ludovica von Spanien war der Hof nach Innsbruck gereist. Die Trauung, die übrigens Clemens, der Bruder von Prinz Albert, vornahm, ging noch über die Bühne, mitten in den anschließenden Festlichkeiten aber ereilte die kaiserliche Familie der verheerende Schicksalsschlag: Franz I. von Lothringen erlitt einen Herzinfarkt und starb. Für Maria Theresia stürzte die Welt ein. Marie Christine aber konnte ihre Heiratspläne endlich verwirklichen. Es galt allerdings, die mit 14 Monaten angesetzte Hoftrauer zu berücksichtigen.

Die Ankündigung der Hochzeit ihrer Lieblingstochter fiel für Maria Theresia in die Phase der ersten tiefen Trauer über den Tod ihres geliebten Gemahls. Um ihrer Lieblingstochter ein sorgenfreies Leben zu ermöglichen, scheute Maria Theresia keine Kosten und Mühen. Als Erstes ernannte sie Prinz Albert, den sie seit langem liebte wie einen eigenen Sohn, zum Feldmarschall und Statthalter von Ungarn mit Sitz in Pressburg.

Dann ließ sie das Pressburger Schloss umbauen. Sie investierte unfassbare 1,3 Millionen Gulden, um aus dem finsteren, mittelalterlich wirkenden Bau ein lichtdurchflutetes Schloss zu machen, reiste immer wieder selbst nach Pressburg, um sich vom Fortschritt der Bauarbeiten zu überzeugen, und ließ es sich auch nicht nehmen, die gesamte Aussteuer selbst auszusuchen, von den Türklinken bis zum Tafelgeschirr und der Wäsche. Schließlich ließ sie für das junge Paar in Laxenburg das so genannte Grünnehaus bauen. Und für seine Wien-Besuche trat sie in der Hofburg ihre eigenen Räume ab, die schönsten der Hofburg. Sie selbst zog in den zweiten Stock.

Am 7. Januar 1766 hielt Albert Einzug in Pressburg. Am 2. April wurde Verlobung gefeiert, sechs Tage später Hochzeit. Für die feierliche Zeremonie hatte sich Maria Theresia für das auf halbem Weg zwischen Wien und Pressburg gelegene Schloss Hof entschieden. Die Hochzeit verlief in merkwürdiger Atmosphäre: Wegen der Hoftrauer erschienen alle Gäste in tiefschwarzer Kleidung, den Damen war nicht einmal Schmuck erlaubt. Ausgenommen war nur das Brautpaar. Marie Christine trug ein Kleid aus weißer, silberbestickter Mousseline, auf dem Edelsteine funkelten, und Prinz Albert trat in Uniform vor den Traualtar. Maria Theresia beobachtete die Zeremonie von der Empore aus, sie nahm auch an der anschließenden Festtafel nicht teil. Um die Stimmung nicht ganz einfrieren zu lassen, gestattete sie jedoch einige bäuerliche Feste.

Nach der Hochzeit sparte Maria Theresia für ihre Lieblingstochter nicht mit guten Ratschlägen: Sie solle ihrem Mann dienen und ihm nützlich sein, und, wie es eben Frauen gezieme, in ihm den Vater und besten Freund sehen. »Mimi« sei liebenswürdig und anhänglich, doch sie solle sich davor hüten, dies zu übertreiben. Das könnte ihrem Gemahl zur Last werden, denn »dieser delikate Punkt ist ja die gewöhnliche Klippe, an der die zärtlichen und tugendhaften Frauen, die sich aus Neigung verheiraten, Schiffbruch leiden«. Je sparsamer sie mit ihren Liebesbezeugungen sei, desto mehr werde er sie suchen. Und je weniger sie ihn zu etwas zwingen wolle, desto stärker werde sie ihn an sich fesseln.[7]

Sosehr Maria Theresia auch über viele Jahre alles getan hatte, um ihrer Lieblingstochter diese Hochzeit zu ermöglichen, so groß war ihr Kummer, dass sie ihre geliebte »Mimi« nicht mehr in ihrer Nähe hatte, dass sie sie nicht wie gewohnt zu sich rufen oder ihr kleine Botschaften, »Wischerl«, schicken konnte.

Zu »Mimis« Heiratsgut zählte neben 100 000 Gulden in Gold auch das Herzogtum Teschen, daher nannte sich Albert fortan Herzog von Sachsen-Teschen. Alle diese Aufwendungen schürten

Das prunkvolle Verlobungsmahl am 2. April 1766. Noch trauerte der Hofstaat um Franz Stephan von Lothringen, der im Sommer 1765 völlig unerwartet verstorben war. Deshalb erschienen viele Festgäste – für solche Anlässe höchst ungewöhnlich – in Schwarz.

natürlich Neid und Eifersucht der Geschwister. Wieder einmal mussten sie zähneknirschend zusehen, wie »die Marie« ganz offensichtlich bevorzugt behandelt wurde. Das junge Paar erwies sich dieser Zuwendungen allerdings als würdig. Albert verstand es, aus einer Reihe von Herrschaften, die ihm die fürsorgliche Schwiegermutter übertragen hatte, gewinnbringende Betriebe zu machen.

In Dresden umgeben von erlesenen Kunstschätzen aufgewachsen, begann er schon in dieser Zeit, hohe Summen in Gemälde, Zeichnungen und Kupferstiche zu investieren. Er und Marie Christine sammelten auch Bücher, nahmen Gelehrte in den Dienst und förderten Theatergruppen. Freilich verschlang auch die Hofhaltung Unsummen. In Pressburg waren im Durchschnitt bis zu 120 Personen beschäftigt, Kammerherren, Hofdamen und Personal. Und alle wollten bezahlt werden.

Pressburg, damals die Hauptstadt Ungarns, blühte durch die Aktivitäten des Statthalterpaares regelrecht auf. Innerhalb kürzester Zeit entwickelte es sich zu einem geistigen und kulturellen Zentrum. Marie Christine erfreute sich sowohl bei der adeligen Gesellschaft als auch bei der Bevölkerung größter Beliebtheit. Und ihr Glück schien perfekt, als sie ihrem geliebten Ehemann im Herbst 1766 Mitteilung machen konnte, dass sie guter Hoffnung war.

Eine Serie von Katastrophen

Der Mai 1767 wurde für das gesamte Kaiserhaus zum Katastrophenmonat. Zuerst starb Maria Josepha, Josephs ungeliebte zweite Gemahlin, an den Pocken. Kurz danach erkrankte Maria Theresia an derselben Seuche so schwer, dass sie sogar mit den Sterbesakramenten versehen wurde. In Wien drängte sich eine riesige, bedrückt schweigende Menschenmenge vor der Hofburg und wartete auf Nachricht über den Gesundheitszustand der geliebten Monarchin. In allen Gotteshäusern wurde unablässig für sie gebetet. Und dann griff der Tod auch nach dem jungen Paar in Pressburg. Am 15. Mai setzten bei Marie Christine die Wehen ein. Sie verliefen überaus heftig, und als am nächsten Tag ein kleines Mädchen geboren wurde, war es so schwach, dass es nur wenige Stunden überlebte. Damit nicht genug. Marie Christine erkrankte an dem damals noch so gefürchteten Kindbettfieber. Kaum schien Besserung in Sicht und war auch Maria Theresia soweit genesen, dass sich Mutter und Tochter sehen konnten, erkrankte Mitte Juni Albert an den Pocken.

Marie Christine und Albert überlebten die schweren Erkrankungen. Die Folgen aber waren niederschmetternd: Marie Christine konnte keine Kinder mehr bekommen. Das war für die damalige Zeit eine wahre Katastrophe. Das Paar adoptierte später Erzherzog Karl, einen Neffen, der als Sieger von Aspern in die Geschichte eingehen sollte, als Bezwinger Napoleons.

Für Albert gestaltete sich seine Zeit als ungarischer Statthalter, als locumtenens, nicht ausschließlich beschaulich. Zum einen galt es, in dem Land, in dem sich ausgehend von den leibeigenen Bauern Widerstand regte, die vom Adel brutal ausgebeutet wurden, vorsichtig Reformen durchzuführen. Und zum anderen bestimmte ihn Joseph zu seinem Begleiter auf seinen mühsamen und gefährlichen Reisen, zuerst durch Ungarn, dann durch das Banat und nach Preußen. Ebenfalls höchst beschwerlich, aber um vieles vergnüglicher, gestaltete sich dagegen die Reise, die Albert gemeinsam mit seiner Gemahlin von Dezember 1775 bis Juni 1776 nach Italien führte. Das junge Paar besuchte Marie Christines verheiratete Geschwister in Florenz, Neapel, Parma und Mailand, wurde sogar vom Papst in Audienz empfangen und hatte zudem Gelegenheit, die herrlichsten Kunstgegenstände zu erwerben.

Harte Zeiten unter Joseph II.

Das glückliche, nahezu sorgenfreie Leben des Statthalterpaares ging mit dem Tod Maria Theresias 1780 schlagartig zu Ende. Joseph, nunmehr Kaiser und Alleinherrscher, ließ seiner Eifersucht auf »die Marie« freien Lauf. Lange genug hatte er mitansehen müssen, wie sie von Maria Theresia immer wieder bevorzugt und mit Geld und Geschenken überhäuft worden war. Und dass er die Liebe seiner vergötterten Isabella mit ihr teilen musste, hatte er ihr trotz der inzwischen vergangenen Jahre nie verziehen.

Josephs erste Maßnahme bestand darin, dass er dem Statthalterpaar den Geldhahn zudrehte, er setzte ihre Einkünfte drastisch herab. Als Nächstes schob er Albert und Marie Christine in die Niederlande ab, als Statthalter in der Nachfolge des verstorbenen Karl von Lothringen. Joseph hatte die Niederlande zuvor bereist und die Weichen für alle Maßnahmen gestellt. Das neue Statthalterpaar hatte nicht die geringsten Freiheiten, selbständig Entscheidungen zu treffen oder Pläne zu entwickeln. Sie mussten nur unterzeichnen, was die Minister längst zuvor mit Joseph beschlossen hatten. Das brüskierte und schmerzte.

Albert und Marie Christine fügten sich in ihr Schicksal. Sie ließen sich in einem großen Park im Südwesten von Brüssel das prachtvolle Schloss Laeken errichten, das heute noch von der Königsfamilie genützt wird, und trösteten sich über den Affront mit bewusst glanzvoller Hofhaltung hinweg. Es gab Empfänge und Ausfahrten, Feste und Jagden. Bis Josephs radikale Versuche, die Verwaltung des Landes und die Kirchen zu reformieren, zuerst auf vehemente Ablehnung und schließlich zu heftigen Unruhen führten.

Die Bevölkerung betrachtete das Statthalterpaar als große Hoffnung. Tatsächlich verkündeten Albert und Marie Christine die Aufhebung der kaiserlichen Anordnungen. Das Volk jubelte dem Paar zu, die Situation schien gerettet. Joseph aber gab sich nicht kompromissbereit. Er brach angesichts der Ereignisse in den Niederlanden seine Russlandreise ab, beorderte die belgischen Stände ebenso nach Wien wie das Statthalterpaar. Zu einer Rücknahme seiner Maßnahmen war er nicht bereit. Als Albert und Marie Christine nach Belgien zurückkehrten, gärte es gefährlich. 1789 schließlich sprang der Funke von Frankreich über, auch in Belgien brach die Revolution aus. Das Statthalterpaar musste fliehen, es fand in Bonn Zuflucht bei Kurfürst Max Franz, Marie Christines Bruder.

Zu dieser Zeit war der Gesundheitszustand von Marie Christine bereits angeschlagen. Sie laborierte an einem Magenleiden und litt schwer unter ihrem Emigrantenschicksal. In Wien rang inzwischen Joseph II. mit dem Tod. Von seinen Prinzipien ging er auch am Totenbett nicht ab.

Leopold, der Nachfolger Joseph II., schaffte es, die Ruhe in den Niederlanden wieder herzustellen. Albert und Marie Christine kehrten 1791 nach Brüssel zurück. Sie wurden von der Bevölkerung freundlich empfangen. Der Friede währte jedoch nicht lange. Am 1. März 1792 starb Leopold II. und nur wenige Wochen spä-

Das Grab Marie Christines in der Wiener Augustinerkirche, gestaltet von Antonio Canova. Es trägt die berührende Inschrift »Uxor optimae Albertus«, »Der besten Gattin, Albert«.

ter marschierten französische Truppen ein. Im November gelang es ihnen, die unter Alberts Befehl stehende österreichisch-niederländische Armee zu schlagen. Das Statthalterpaar musste abermals flüchten.

In aller Eile gelang es Albert und Marie Christine, ihren gesamten Besitz, darunter die wertvolle Kunstsammlung, in Sicherheit zu bringen. Die Kunstschätze und Möbel wurden auf drei Schiffe verladen. Dass eines davon in einem schweren Sturm im Ärmelkanal unterging, konnte Albert für den Rest seines Lebens nicht verwinden.

„Mimis" Tod

In Wien traf der nach dem plötzlichen Tod Leopolds auf den Thron gelangte Franz II. Dispositionen für den weiteren Aufenthalt des geflohenen Statthalterpaares. Er wies ihnen das Palais von Graf Silva-Tarouca zu, des einstigen Beraters von Maria Theresia. Dort beschäftigte sich Albert in den Jahren bis zu seinem Tod mit der Erweiterung seiner Kunstsammlung. 1796 überließ ihm der Kaiser die Zeichnungen der kaiserlichen Schatzkammer mit der berühmten Dürer-Sammlung. Alles zusammen bildet auch heute noch den Grundstock der weltberühmten Sammlung Albertina.

Marie Christines Magenleiden verschlimmerte sich in Wien zusehends. Eine Badekur in Teplitz brachte nur kurzfristige Linderung. Im Juni 1798 schließlich verstarb sie, nicht ohne ihrem geliebten Albert einen berührenden Abschiedsbrief hinterlassen zu haben: »Ich gebe mich rücksichtlich meiner Gesundheit keiner Täuschung hin, ich sehe und fühle, daß sie nicht wiederkehrt … Du warst mein Vorbild, meine Triebfeder zum Guten, mein Leitstern, das einzige Wesen, für das ich lebte, dem ich zugehörte und dessen ich würdig sein wollte. Wie kann ich Dir meine Dankbarkeit schildern für all das Glück, welches Du mich in so vielen Jahren genießen ließest …«[8]

Für Albert war »Mimis« Tod ein niederschmetternder Schlag. Nach 32 Jahren der glücklichsten Ehe habe er die edelste Frau verloren, die je gelebt habe, schrieb er in seinen Memoiren, die er mit diesem einschneidenden Ereignis beendete. Seiner geliebten Gemahlin setzte er ein berührendes Denkmal. Er gab bei Antonio Canova ein Grabmal in der Augustinerkirche in Auftrag. Die flache Wandpyramide mit einem Medaillon Marie Christines, die auch Freimaurer-Symbolik enthält, trägt die Inschrift »Uxor optimae Albertus«, »Der besten Gattin, Albert«.

6. KAPITEL

Die „Kropferte Liesl"

MARIA ELISABETH (1743–1808)

Königskrönung in Prag

Das Jahr 1743 begann turbulent. Der I. Schlesische Krieg war zu Ende gegangen, jetzt galt es aufzurüsten. Maria Theresia war wieder guter Hoffnung und wie immer verliehen ihr die ersten Monate der Schwangerschaft eine besondere Art von Tatendrang, Kraft und Energie. Rasch und zielsicher traf sie Anordnung zur Neuorganisation des Heeres und zum Bau neuer Straßen und ging dann voll Schwung daran, ein längst fälliges Großereignis zu planen: ihre Königskrönung in Prag. Da ihre Niederkunft für Mitte August zu erwarten war, trachtete sie danach, die Reise nach Prag im Frühjahr zu absolvieren.

Ähnlich wie bei der Reise des Erzherzogpaares in die Toskana setzte sich Anfang April ein gigantischer Zug von 218 Wagen Richtung Böhmen in Bewegung. Mit 22 Wagen Gefolge war dem Paar die vierjährige Marianne vorangereist, für sie bedeutete die Königskrönung ihren ersten großen Auftritt in der Öffentlichkeit.

In Prag wurde Maria Theresia mit größtem Jubel begrüßt. Tausende Menschen säumten trotz schlechten Wetters die Straßen, vor der Stadt waren auf einer Wiese prächtige Festzelte aufgebaut, Gassen und Häuser waren beflaggt und illuminiert. Auch die Krönung im Veitsdom verlief überaus glanzvoll. Sie wurde allerdings um zwei Stunden verschoben, weil in Prag die frohe Botschaft vom Sieg Karls von Lothringen über die Bayern bei Braunau eingetroffen war und Maria Theresia noch schnell einen Dankgottesdienst halten ließ.

Die frisch gekrönte Königin und ihr Gemahl blieben bis Mitte Juni in Prag. Die Wochen verflogen als Abfolge glanzvoller Empfänge, feierlicher Galas, Theater- und Tanzaufführungen und Unterhaltungen. Bei Beginn der Rückreise war Maria Theresia bereits im achten Monat schwanger. Jetzt hatte die Frühsommerhitze mit voller Wucht eingesetzt, das machte ihr schwer zu schaffen. Um die lange Reise besser ertragen zu können, ordnete sie daher an, dass während der kühlen Nachtstunden gefahren und tagsüber geruht wurde.

Eine Geburt mit Hindernissen

Endlich zurück in Wien – die Strecke von Linz nach Wien war per Schiff auf der Donau zurückgelegt worden –, begab sich Maria Theresia sogleich nach Schönbrunn. Am 12. August wurde sie schon in Hinblick auf die bevorstehende Geburt im Beisein zahlreicher adeliger Herrschaften, die in Gala erschienen waren, zur Ader gelassen. Danach speiste sie, wie das Wienerische Diarium berichtete, bei »herzlicher« Tafelmusik zu Mittag und tanzte am Nachmittag auf einem Ball, zu dem der gesamte in- und ausländische Adel eingeladen und bei dem einer »ungeheuren« Menge Volkes das »freie Zusehen erlaubt« war. Um die laue Sommernacht genießen zu können, ließ sie sich spät abends ihren Spieltisch in den Garten hinausstellen und amüsierte sich noch ein Weilchen beim Kartenspiel Lansquenet, Landsknecht.

Am nächsten Morgen traten erste leichte Wehen auf. Maria Theresia machte sich unverzüglich auf den Weg in die Hofburg. Unterwegs stellten sich während der Fahrt »schleichende« Wehen ein. Endlich in der Hofburg angelangt, fand sie sich mit einer bizarren Situation konfrontiert. Die Königin von Ungarn und Böhmen, Erzherzogin von Österreich und Herrscherin über einen Vielvölkerstaat von mehreren Millionen Menschen wand sich in den Wehen und stand vor den fest verschlossenen Türen ihrer Privatgemächer. Weit und breit keine Spur vom »Zimmerwarter«, der aufsperren hätte können. Maria Theresia begab sich in eine »Trabantenstube«, einen Vorraum zu ihren Gemächern. Nach unend-

Maria Elisabeth (links) und Maria Amalia (rechts), zwei Schwestern von sehr unterschiedlichem Charakter. Elisabeth war kokett und gefallsüchtig, Amelie hingegen klug und an allem interessiert.

lich scheinender Wartezeit tauchten endlich die Schlüssel auf, es gelang ihr trotz bereits heftiger Wehen, in ihre Privatgemächer zu gelangen und dort kam schließlich gegen drei Uhr nachmittags ihr sechstes Kind zur Welt. Es wurde noch am selben Abend auf die Namen Maria Elisabeth Josepha Johanna Antonia getauft. Dass bereits ein Kind mit dem Namen Maria Elisabeth verstorben war, nahm die sonst für jede Art von Zeichen und Fügung empfängliche Maria Theresia nicht als böses Omen.

Ein schönes, aber flatterhaftes Mädchen

Maria Elisabeth war ein besonders zartes und kleines Kind. Sie entwickelte sich auch schlecht. In den ersten Monaten nahm sie kaum zu, behielt die Nahrung nicht und erbrach häufig. Bis ein Hofarzt zu Luftveränderung riet und schließlich die rettende Idee hatte: Er ließ dem kleinen Sorgenkind ein Schokoladegetränk reichen – das half.

Auf der süßen Seite blieb Maria Elisabeth, die nun innerhalb der Familie »Liesl« genannt wurde, auch in den folgenden Jahren. Sie entwickelte sich zu einer regelrechten Schönheit, und sie wusste es. Schon als kleines Mädchen gab sie sich eitel und kokett, war sich ihrer Wirkung durchaus bewusst und zeigte kaum Interessen außer für ihr Äußeres. Sie war auch für nichts Besonderes begabt – außer dafür, spitzzüngige Bemerkungen loszulassen und Klatsch und Tratsch in Umlauf zu setzen. Gerade das brachte Maria Theresia in Rage. Ebenso wie bei Joseph hasste sie es auch bei »Liesl«, wenn diese sich auf Kosten anderer Menschen amüsierte oder sich über Fehler anderer lustig machte.

Als Aja wurde die verwitwete Gräfin von Heister mit der Erziehung Maria Elisabeths beauftragt. Sie hatte zugleich auch für die Bildung der um drei Jahre jüngeren Amalia zu sorgen. Leicht hatte sie es nicht, denn »Liesl« war zwar blitzgescheit, zum Lernen war sie aber nur schwer zu motivieren. Bonmots zu produzieren, die längste Zeit herumzualbern oder an Unterhaltungen zu denken, war ihr allemal lieber, als sich auf Lektionen zu konzentrieren. Das dürfte der Grund gewesen sein, warum zahlreiche Lehrer und Erzieher das Handtuch warfen und ausgetauscht werden mussten. Um die selbstverliebte, strahlend schöne 17-Jährige in den Griff zu bekommen, ernannte die besorgte Mutter sogar einen Mann zu ihrem Obersthofmeister, Graf Norbert von Trauttmansdorf. Auch diese Maßnahme dürfte nicht gegriffen haben, um die flatterhafte und gefallsüchtige »Liesl« zur Räson zu bringen, sie wolle, schrieb sie an ihren Sohn Joseph, nur mit ihrer Schönheit gefallen, »bei einem Wachtposten oder einem Prinzen, das ist ihr gleich …«[1]

Heiratskandidaten

Der Heiratspolitik Maria Theresias freilich kam die Schönheit ihrer Tochter »Liesl« gerade recht. Der Erste, der als Kandidat auftrat, war Polenkönig Stanislaus II. August Poniatowski. Er versprach sich von der Heirat mit einer der Kaisertöchter eine Stabilisierung seiner Macht. Marianne kam schon damals nicht in Frage, ihr Gesundheitszustand ließ es nicht zu, von »Mimi« wusste Maria Theresia, dass sie Albert von Sachsen liebte, also blieb nur »Liesl«. Maria Theresia war der Polenkönig von der Herkunft her zu minder, es gefiel ihr auch nicht, dass er zu sehr in der Gunst von Zarin Katharina II. stand. Sie bewies auch politisches »Gespür«, indem sie die Lage Polens als instabil einschätzte – und damit Recht behalten sollte. Tatsächlich wurde Polen in den folgenden Jahren dreimal geteilt und der König musste abdanken. Die Frage, ob das auch geschehen wäre, hätte Maria Theresia dieser Verbindung zugestimmt und damit Polen den Rücken gestärkt, bleibt auf immer unbeantwortet.

Der nächste Kandidat, der für Maria Elisabeth in die nähere Wahl kam, war der Herzog von Chablais, der Neffe des Kaisers, den dieser gerne als Gemahl von »Mimi« gesehen hätte. Er schied aus, weil sich Joseph vehement gegen ihn ausgesprochen hatte. Aber Maria Theresia hatte mit »Liesl« ohnehin Höheres vor. Was ihr schon lange vorschwebte, war eine Verbindung des Habsburgerreiches mit Frankreich. Für Überlegungen dieser Art war es allerdings noch zu früh, und überdies stand zuvor noch eine andere Hochzeit auf dem Programm.

Im Katastrophenjahr 1767 hatte die kaiserliche Familie andere Sorgen. »Mimi« rang in Pressburg im Kindbett mit dem Tod, Josephs ungeliebte Gattin Josepha starb an den Pocken, Maria Theresia hatte sich angesteckt und erkrankte schwer, Prinz Albert leicht. Im Sommer endlich ließ die »Schwester des Todes«, wie die Pocken genannt wurden, die Residenz aus ihrer eiskalten Umklammerung. Kaum war Maria Theresia genesen, liefen die Hochzeitsvorbereitungen für Josepha an.

»Liesls« jüngere Schwester war Ferdinand von Neapel versprochen worden. Von diesem König waren nach Wien keine erfreulichen Nachrichten gedrungen, er galt als grob und ungehobelt. Die erste für ihn vorgesehene Braut, Johanna Gabriela, war fünf Jahre zuvor an den Pocken gestorben. Jetzt kam die 16-jährige Erzherzogin Josepha an die Reihe. Aber auch sie erkrankte an den Pocken.

Maria Elisabeth war ein bildschönes junges Mädchen, und Maria Theresia hegte große Hoffnungen, sie gewinnbringend für das Haus Habsburg zu verheiraten …

Josepha litt elf Tage lang Höllenqualen, am 15. Oktober endlich waren ihre Leiden zu Ende, sie starb. Der Tod rettete sie davor, den König von Neapel heiraten zu müssen. Dieses Los traf Maria Karolina.

An Josephas Begräbnis nahm der gesamte Hof teil. Bei der Rückkehr von der Trauerfeier begann Maria Elisabeth plötzlich zu frösteln. Sie fühlte sich von Tag zu Tag schlechter, am 22. Oktober schließlich hatte die Familie Gewissheit: Die Pocken hatten nach einem weiteren Mitglied des Kaiserhauses gegriffen. Und zwar mit voller Wucht. Die 24-jährige Erzherzogin wurde von der Seuche so vehement erfasst, dass sie wenige Tage später für verloren galt. Maria Theresia, durch die eigene Erkrankung immun, wachte Tag und Nacht an ihrem Bett. Schließlich wurden ihr die Sterbesakra-

… doch die Pocken machten alle Pläne zunichte. Von der Krankheit schwer gezeichnet, ging Maria Elisabeth jedoch aus der Krise gestärkt hervor. Mit den Jahren entwickelte sie sich zu einer temperamentvollen, lebenslustigen Person mit spitzer Zunge.

mente gereicht. Und dann trat ein, was niemand zu hoffen gewagt hätte: »Liesl« überlebte.

Das Schicksal aber hatte der hübschesten Tochter Maria Theresias einen vernichtenden Schlag versetzt: Die Krankheit hatte ihr schönes, ebenmäßiges Gesicht vollkommen zerstört, in der feinen, glatten Haut klafften tiefe, hässliche Krater. Gerade diese Erzherzogin, für die Glanz und Schönheit alles bedeutet hatten, war für den Rest ihres Lebens grausam entstellt.

Maria Theresia gab ihre Versuche, »Liesl« gewinnbringend zu verheiraten, trotzdem nicht auf. Ins Visier nahm sie den König Frankreichs, Ludwig XV. Er war zwar um 33 Jahre älter als ihre Tochter, nach dem Tod der Polin Maria Leszczyńska war er aber frisch verwitwet und wenige Jahre zuvor war auch seine Mätresse gestorben, Madame de Pompadour. Der König zeigte sich vorerst durchaus geneigt, eine junge habsburgische Erzherzogin zu heiraten. Er stellte allerdings eine Bedingung: »... vorausgesetzt, dass sich das Gesicht der Erzherzogin in einem Zustand befindet, der mir nicht missfällt«.[2]

»Liesl« versetzte die Aussicht auf den französischen Thron in Hochstimmung. Schon ließ sie sich für einen Maskenball ein Domino-Kostüm schneidern, das mit goldenen Bourbonlilien bestickt war, dem Wappen der französischen Könige. Dann aber ersuchten Gesandte des Königs um Bilder der Erzherzogin – und das war das Ende. König Ludwig XV. stellte keinen Antrag, stattdessen wurde in Wien bekannt, dass er eine neue Mätresse hatte, Marie-Jeanne Bécu, besser bekannt unter dem Namen Madame du Barry. Maria Theresia schäumte vor Wut.

Die Pocken machten alle Pläne zunichte

Elisabeth hatten die Pocken regelrecht aus ihrer Lebensbahn geworfen. Sie hatte sich nie ernsthaft für irgendetwas anderes als ihre eigene Schönheit, Schmuck, elegante Roben, Tanz und Unterhaltung interessiert. Und jetzt musste sie erkennen, dass jeglicher Glanz von ihr verschwunden war. Sie zog sich zurück, schluchzte tagelang und haderte mit ihrem Schicksal. Es dauerte Jahre, bis sie sich wieder in die Öffentlichkeit wagte. Obersthofmeister Khevenhüller-Metsch berichtet in seinem Tagebuch, dass sie im Jahr 1770 wieder auf Gesellschaften ging und auf Bällen tanzte. Und im folgenden Jahr wurden sogar abermals Heiratsverhandlungen mit dem Herzog von Chablais geführt. Dass er immer noch mittellos war, spielte jetzt keine Rolle mehr. Aber nicht einmal diese Verbindung kam zustande. Das schmerzte.

Am Wiener Hof nahm »Liesl« in den folgenden Jahren immer wieder an gemeinsamen Aktivitäten wie Theateraufführungen, Gottesdiensten und Vergnügungen teil. Aus Briefen Maria Theresias geht aber auch hervor, dass sie über lange Zeit depressiv, oft tagelang in Tränen aufgelöst und krank war, einmal so heftig, dass ihr sogar an Fasttagen Fleisch gereicht wurde.

Ihr beißender Witz und ihre Ironie, Eigenschaften, die Maria Theresia schon in ihren jungen Jahren gehasst hatte, verstärkten sich in ihren mittleren Lebensjahren noch. Das geht aus den Aufzeichnungen Leopolds hervor, der zuvor allerdings auch erwähnt, dass sie ein Findelkind liebevoll aufzog: »Sie ist von aller Welt gemieden und gefürchtet wegen ihrer schrecklichen Zunge, ihren extravaganten und unklugen Reden, sie unterhält sich damit, alle Geschichten und Klatsch aus der Stadt zu erfahren und weiterzuspinnen und daraus macht sie ganz unglaubliche Geschichten. Der Kaiser schätzt sie gar nicht und die Kaiserin schilt sie immer aus, aber dennoch hat sie sich, indem sie ihr alle Neuigkeiten erzählte und alles was sie weiß, so in ihre Gunst gesetzt, daß, wenn die Maria nicht da ist, sie sehr viel mit der Kaiserin ist und sehr viel Einfluß auf ihren Geist hat...«[3]

»Liesl« war die einzige Tochter Maria Theresias, für die keine Maßnahmen zur finanziellen Absicherung getroffen worden waren. Alle Söhne waren versorgt und abgesichert. Von allen Geschwistern blieben nur sie und Marianne bis zum Tod der Mutter an ihrer Seite. Während Marianne aber als Äbtissin in Prag ein veritables Einkommen von 80 000 Gulden im Jahr hatte, ging Elisabeth leer aus.

Äbtissin im Damenstift Innsbruck

Nach dem Tod Maria Theresias traf Joseph in der für ihn typischen Art eine klare Entscheidung. Er wollte die »Weiberwirtschaft« in Wien auflösen. Marianne hatte schon lang zuvor beschlossen, nach Klagenfurt zu gehen, das war ihm nur recht. Und »Liesl« sollte Äbtissin des Damenstiftes Innsbruck werden. Damit hatte sie einen neuen Aufgabenbereich, die nötige Versorgung von 50 000 Gulden, die ihr der Bruder großzügig zusagte, und einen eigenen Hofstaat.

In Zeiten, in denen noch die Meinung herrschte, das ewige Seelenheil könne durch Messen und Gebete »erkauft« und die Zeit, die eine arme Seele im Fegefeuer verbringen musste, durch ebensolche Handlungen verkürzt werden, hatte Maria Theresia nach dem Tod ihres geliebten Gemahls in Innsbruck das Damenstift begründet. Zwölf adelige Damen sollten Tag und Nacht für den verstorbenen Kaiser beten. Diese ehrenvolle Aufgabe war nur höchsten Adelskreisen vorbehalten.

Wer in das Stift eintreten wollte, musste 16 adelige Vorfahren nachweisen und 200 Gulden erlegen. Die Kleidung der Ordensfrauen war stets schwarz, sie hatte alltags einfach zu sein, mit wenig Schmuck, für festliche Anlässe war ein schwarzes Seidenkleid mit hermelinbesetzter Schleppe vorgesehen. Links neben dem Halsausschnitt hatten sie das Ordenszeichen zu tragen, ein ovales Porzellan-Medaillon, das auf der Vorderseite die Kaiserkrone trug und darunter die Initialen F und MT, darunter stand unter zwei gekreuzten Palmwedeln in römischen Ziffern der Sterbetag des Kaisers.

Die meisten der adeligen Damen waren zur Zeit ihrer Aufnahme weit unter der vorgeschriebenen Grenze von 24 Jahren, es war also eine junge und durchaus lebenslustige Gemeinschaft. Sie durften zwar Theateraufführungen, Opern und Abendveranstaltungen besuchen oder an Spazierfahrten und Gartenfesten teilnehmen, verboten war ihnen lediglich der Besuch von Maskenbällen und lockeren Komödien. Im Unterschied zu Nonnen war es ihnen gestattet, auf Wunsch aus dem Stift auszutreten oder gar zu heiraten. Für ihren täglichen Bedarf erhielten sie eine monatliche »Präbende«, die im Falle von Verfehlungen auch gestrichen werden konnte.

Als Erzherzogin Elisabeth 1781 nach Innsbruck kam, hielt zwar die strenge Hoftrauer nach Maria Theresias Tod noch an, bald aber wurden den Damen auf ausdrücklichen Wunsch der Stifterin Erleichterungen gewährt. Es war ihnen gestattet, sich mit weißen Spitzen und Schleifen sowie mit Perlen in allen Schattierungen und frischen Blumen zu schmücken.

Für Elisabeth bedeutete die Übersiedelung nach Innsbruck eine entscheidende Verbesserung ihrer Lebensumstände. Sie hatte ihren eigenen Hofstaat und konnte, ganz nach Wunsch ihrer verstorbenen Mutter, damit der kleinen Stadt Innsbruck das Gefühl geben, eine eigene Landesfürstin zu haben. Das stärkte ihr Selbstbewusstsein und gab ihr nach den tristen Jahren in der Hofburg regelrecht Auftrieb. Sie wurde von der Bevölkerung herzlich und mit großem

Respekt aufgenommen und hatte Repräsentationsaufgaben zu erfüllen, wenn hohe Gäste nach Innsbruck kamen. Mehrmals erhielt sie Besuch von ihren Geschwistern, einmal durfte sie sogar den Papst empfangen.

In Innsbruck entwickelte sich Elisabeth zu einer höchst temperamentvollen, lebenslustigen Person. Stets zu Späßen aufgelegt, nahm sie nie ein Blatt vor den Mund und erheiterte ihre Umgebung mit ihrem bodenständigen Mutterwitz. Für Heiterkeit sorgte auch ihr Anblick. Sie nahm in mittleren Jahren rasant zu, war bald »mehr breit als hoch« und besaß drei veritable Kröpfe, das trug ihr den Namen »Kropferte Liesl« ein. Ihre spitze Zunge behielt sie bei, das machte sie zeitweilig zu einem gefürchteten »Drachen«. Völlig ungezwungen nannte sie Kaiser Franz II. »Lümmel«, seinen Bruder Rainer »Ochs«, Erzherzog Ludwig »Duckmaus« und Erzherzog Rudolf, immerhin Erzbischof von Olmütz, »Nestscheißerl«. Und dass sie in Gesellschaft völlig ungezwungen fragte, ob jemand vielleicht die Kröpfe der Liesl zu sehen wünsche, kam auch vor. Dann zog sie das verhüllende Tuch von ihrem Hals und ließ die drei Kröpfe wie Billardkugeln hin und her gleiten.

Flucht vor Napoleons Truppen

Joseph II. machte durch seine Sparmaßnahmen auch dem Innsbrucker Damenstift zu schaffen. 1786 ordnete er an, dass die Chorgebete gekürzt und das Totenoffizium eingestellt wurden, das traf die Äbtissin schwer. Noch mehr hatte Maria Elisabeth wie viele ihrer Geschwister unter den Auswirkungen der französischen Revolution zu leiden. Im Verlauf der Revolutionskriege musste sie mit den Damen ihres Stiftes 1796 nach Sankt Johann und 1797 nach Bayern flüchten.

Das Aus kam für die Äbtissin, als nach der Niederlage von Austerlitz im Frieden von Pressburg Tirol an Bayern abgetreten wurde und Napoleons Truppen 1805 vorrückten. Jetzt musste sie in höchster Eile ihre Habseligkeiten und die wichtigsten Stiftsdokumente packen und sich nach Wien in Sicherheit bringen. Am 20. März 1806 verzichtete sie in einem kurzen Schreiben auf ihr Amt.

In Wien fand sich für Maria Elisabeth und ihren rund 50 Personen umfassenden Hofstaat keine standesgemäße Unterkunft, also zog sie nach Linz. Sie verbrachte die letzten zwei Jahre im Haus eines Grafen Khevenhüller in der Theatergasse. Den Linzern blieb die kauzige Erzherzogin, die sich immer als wohltätig und unterhaltsam erwiesen hatte, in guter Erinnerung. Sie wurde nach ihrem Tod am 22. September 1808 im Dom beigesetzt, ihr Grab wird auch heute noch viel besucht.

7. KAPITEL

Der Lieblingssohn

KARL JOSEPH (1745–1761)

Maria Theresia beteuerte immer wieder, sie könne vom Kinderkriegen nie genug bekommen. Als sie Mitte des Jahres 1744 abermals guter Hoffnung war, kam ihr das jedoch ausnahmsweise ungelegen. Der österreichische Erbfolgekrieg tobte mit unverminderter Gewalt in weiten Teilen Europas. Maria Theresia war es nicht gelungen, Schlesien zurückzuerobern, Preußen hingegen gewann an Macht. Friedrich II. erneuerte sein Bündnis mit Frankreich, marschierte im August Richtung Böhmen und nahm im September Prag ein. Maria Theresia wäre am liebsten selbst in den Krieg gegen diesen »meineidigen Feind« gezogen. Sie hätte gewiss niemand aufgehalten, verkündete sie, »wenn sie nicht alle Zeit gesegneten Leibes gewesen« wäre.[1]

Auf ihre gewohnte Lebensweise verzichtete die werdende Mutter auch diesmal nicht. Sie erledigte ihre Amtsgeschäfte mit gewohntem Fleiß, gewährte Audienzen, empfing Besucher, beteiligte sich an Reitturnieren und spielte bis zum Morgengrauen »Pharao«. Im Dezember traf sie ein schwerer Schicksalsschlag. Ihre Schwester Maria Anna, die erst im Januar desselben Jahres Karl von Lothringen geheiratet hatte, den Bruder ihres Gemahls, durchlebte eine schwierige Schwangerschaft. Besorgt um ihre Gesundheit entsandte Maria Theresia ihre beiden Leibärzte nach Brüssel. Auch sie konnten nicht helfen. Maria Anna starb am 16. Dezember nach einem Kaiserschnitt. Tief betrübt schrieb sie: »Meine Gesundheit hat diesen Schlag wie so viele andere ertragen, und obwohl ich im neunten Monat bin, halte ich mich so, wie man es erwarten kann. Ich sehe deutlich, wie sich Gottes Wille an mir verwirklicht, indem er mich in seiner Gnade aufrechterhält, damit ich den Weg der

Prüfungen, der Schmerzen und der Tränen wandeln kann, den er mir vorgezeichnet hat.«[2]

Zeit, sich in aller Ruhe auf ihre siebente Niederkunft vorzubereiten, fand Maria Theresia nicht. Zu Beginn des Jahres 1745 jagte ein Ereignis von hoher politischer Tragweite das andere: Am 8. Januar verbündeten sich Österreich, Großbritannien, die Niederlande und Sachsen-Polen in der Warschauer Quadrupel-Allianz gegen Preußen. Am 20. Januar starb Kaiser Karl VII. an der Gicht. Jetzt galt es für Maria Theresia, rasch zu handeln und für ihren Gemahl die Fäden zu ziehen. Tatsächlich gelang es ihr am 22. April mit Kurfürst Maximilian III. von Bayern, dem Sohn des verstorbenen Kaisers, den Frieden von Füssen zu schließen. Darin erkannte Bayern das Supremat im Reich an und Maximilian III. sagte Maria Theresia zu, bei der Kaiserwahl für ihren Gemahl zu stimmen.

Ein Sohn! Ein Sohn!

Aber noch war es nicht so weit. Noch nahm das Leben am Wiener Hof seinen gewohnt unterhaltsamen, fröhlichen Lauf und eine Vergnügung folgte auf die andere. Über Sonntag, den 31. Januar, berichtet das Wienerische Diarium, dass Ihre Hoheit, die Königin, und ihr Gemahl zuerst am Gottesdienst teilnahmen und dann zu Ehren der Gattin des polnischen Premierministers eine Fahrt mit 15 Schlitten mit prächtigem Aufputz von den Hofstallungen nach Schönbrunn unternahmen.

Obersthofmeister Joseph Fürst Khevenhüller-Metsch notierte in seinem Tagebuch, die Königin habe bereits Vorzeichen der bevorstehenden Niederkunft verspürt, sich diese aber »verbeißen wollen«. Sie sei jedoch unverzüglich in die Hofburg zurückgekehrt. Als dort keine weiteren Wehen einsetzten, begab sich Franz Stephan von Lothringen unbeschwert zu einem Souper zu Fürst Auersperg. Lange allerdings war es ihm nicht vergönnt, sich an der glanzvollen Tafel zu erfreuen. Kurz nach Mitternacht wurde er in die Hofburg zurückbeordert – aber es war wieder nur blinder Alarm.

Im Laufe der Nacht trafen die höchstrangigen Frauen im Gemach der Gebärenden ein. Sogar Maria Theresias Mutter, die verwitwete Kaiserin Elisabeth Christine, ließ sich aus den oberen Räumen der Hofburg in das Gemach ihrer Tochter tragen – sie litt unter stark geschwollenen Beinen und Rheumatismus und konnte selbst nicht mehr gehen. Im Spiegelzimmer versammelte sich der männliche Hofstaat und musste geduldig warten. Als die Nacht endlich dem trüben Wintermorgen wich, öffneten sich um neun Uhr, endlich, die hohen Flügeltüren. Franz Stephan trat vor die versammelten Männer. Er konnte vor Glück und Rührung kaum sprechen, aber dann gelang es ihm, die frohe Botschaft zu verkünden: Ein Sohn war geboren worden.

Auch auf die betagte und kranke Kaiserin wirkte dieses Ereignis beflügelnd. Khevenhüller schreibt in seinem Tagebuch: »Bald darauf kam auch die Kaiserin aus der Kammer heraus und ob sie zwar ihres bekannten Zustandes halber so schwach auf den Füßen, daß sie kaum stehen kann und sich immer tragen lassen muß, gieng sie aus der nemmlichen Emotion von Freuden mit verwunderlicher Geschwindigkeit zum Fenster, um solches zu eröffnen und selbsten hinunterzuschreien, daß ein Ertzherzog gebohren worden seie ...«[3]

Die Kaiserin hatte allerdings Pech. Vor den Fenstern der Hofburg hatten sich diesmal nicht viele Menschen eingefunden. Das bevorstehende Ereignis war nicht allzu stark publik gemacht worden. In den folgenden Stunden war es für die Wiener allerdings unüberhörbar. Laut Wienerischem Diarium paradierten während der in der Ritterstube der Hofburg vorgenommenen Taufe auf dem Paradeplatz der Burgbastei drei Infanterie-Kompanien mit fliegenden Fahnen und klingendem Spiel und feuerten zahlreiche Salven ab. Anschließend erbebte die Stadt unter 101 Kanonenschüssen, abgefeuert von den Stadtwällen ringsum. Der neugeborene Erzherzog erhielt den Namen Carolus Josephus Emanuel Joannes Nepomucenus Antonius und Procopius, wurde dann aber stets Karl Joseph genannt.

Politische Veränderungen

Während der Säugling, durch den die männliche Erbfolge im Hause Habsburg nach so langem Warten und Hoffen nun endlich vollständig gesichert schien, in der »Kindskammer« von einem Heer von Ammen, Kinderfrauen und Pflegerinnen betreut wurde, musste sich seine Mutter staatspolitisch wichtigen Themen widmen. Bald nach ihrem »Hervorgang« aus dem Kindbett, der auch diesmal mit einem feierlichen Gottesdienst in der Augustinerkirche begangen wurde, musste sie schon im Frühjahr 1745 hinnehmen, dass ihr Heer unter dem Kommando von Karl von Lothringen schwere Niederlagen erlitt. Es wurde in den Schlachten von Hohenfriedberg in Schlesien und Soor in Böhmen geschlagen, damit war Schlesien endgültig verloren.

In dieser Zeit der herben Enttäuschungen gab es aber auch strahlende Lichtblicke: Als Ergebnis von Maria Theresias langjährigen Bemühungen wurde ihr geliebter Gemahl Franz Stephan von Lothringen am 4. Oktober 1745 in Frankfurt zum römisch-deutschen Kaiser gekrönt, ab nun lautete sein Name Franz I. Stephan von Lothringen. Maria Theresia lehnte es ausdrücklich ab, sich gemeinsam mit ihrem Mann krönen zu lassen. Sie wusste, dass sie auch so für immer »die Kaiserin« sein würde. Die feierliche Zeremonie ließ sie sich dennoch nicht entgehen. Obwohl zum achten Mal schwanger, nahm sie Anfang Oktober die beschwerliche Reise nach Frankfurt auf sich. Auch diese Reise, die Maria Theresia bis Aschaffenburg getrennt von ihrem Mann unternahm, geriet zu einem regelrechten Triumphzug. Unterwegs säumten begeisterte Menschen die Straßen, jubelte ihr das Volk in allen Dörfern und Städten zu, die sie passierte. Am Krönungstag bezog Maria Theresia einen Logenplatz am Balkon eines Hauses gleich neben dem Frankfurter Römer. Als ihr Gemahl in der gläsernen, von Rubens bemalten Krönungskarosse vorbeifuhr, stimmte sie begeistert in die tausendstimmigen »Vivat«-Rufe ein.

Karl Joseph, hier als Dreijähriger auf einem Schaukelpferd. Anders als sein großer Bruder Joseph war er ein fröhliches, charmantes Kind, das die Herzen der Menschen mühelos eroberte.

Karl Joseph: begabt, fröhlich und charmant

Karl Joseph entwickelte sich zu einem gesunden, hübschen und klugen Kind. Ganz anders als sein Bruder Joseph, der von frühester Jugend an introvertiert und scheu war, oft »grantelte« und seine Mutter mit seinem Zynismus zur Verzweiflung brachte, gewann Karl die Herzen seiner Eltern und Geschwister durch sein munteres, fröhliches Wesen. Wurden ihm Wünsche nicht erfüllt, brach er in Wutgeheul aus und schlug heftig um sich. Das zog Strafe nach sich. Häufiger jedoch kam es vor, dass er gelobt wurde und dass ihm auch die Lehrer ein gutes Herz und schnelle Auffassungsgabe attestierten.

Im Alter von sechs Jahren hatte Erzherzog Karl Joseph seinen ersten großen Auftritt. Maria Theresia war 1751 in heikler Mission nach Pressburg gereist. Es galt, im Landtag Steuererhöhungen für Ungarn durchzusetzen. Die Königin von Ungarn betrat den Rittersaal des Schlosses, nahm auf dem Thronsessel Platz und ließ ihre drei Söhne »aufmarschieren«, Joseph, Karl und Leopold, zehn, sechs und vier Jahre alt. Alle drei trugen schwarze, reich bestickte ungarische Tracht und alle drei wurden von den Ungarn sogleich aufs herzlichste bejubelt. Karl eroberte die Herzen der Ungarn überhaupt im Sturm. Als ihn der Sprecher der Stände ungarisch begrüßte, antwortete er ebenfalls ungarisch, und zwar fehlerfrei. Das war eine Sensation. Zum ersten Mal hatte ein Mitglied des Kaiserhauses ungarisch gesprochen!

Karl fiel auch in den folgenden Jahren positiv auf. Er lernte fleißig, bereitete seinem Ajo Graf Künigl kaum Sorgen, brillierte bei den Prüfungen vor seinen gestrengen Lehrern und zeigte schon früh auch künstlerische Begabung. Es fiel ihm leicht, die Violine zu spielen und sein Publikum bei diversen Schauspiel- und Tanzaufführungen zu bezaubern.

Dass er, wie es sich für einen Buben gehört, auch richtig schlimm sein konnte, lässt eine Eintragung im Tagebuch Khevenhüllers vermuten: »Den 1. Februarii wurde zwar wegen des Ertzherzogs Carl Geburtstags-Gala angesagt. Er empfienge aber keine Complimenten, aus vorschützender Unpässlichkeit; in der That aber geschah es aus Straff und um ihn zu demütigen, weillen dieser kleine Herr von einem ungemein hochtrabenden Geist ist und zumahlen seinen Cammerherrn und Bedienten die Chocant- und empfindlichsten Sachen zu sagen weiß …«[4]

Aber auch wenn der »kleine Herr« gelegentlich frech war und zur Strafe zu seinem 14. Geburtstag schmerzlich darauf verzichten musste, Gratulationen und Geschenke von zumindest 150 Personen entgegenzunehmen, war er der Liebling der ganzen Familie. Besonders Maria Theresia war in ihren Karl regelrecht vernarrt. Er war ihr erklärter »fils bien aimé«, ihr Lieblingssohn. Dass der um vier Jahre ältere, ohnehin zu Unmut und beißender Ironie

Karl Joseph war Maria Theresias Lieblingssohn. Als er im Alter von nur 16 Jahren an den Pocken verstarb, erholte sie sich lange nicht von diesem Schicksalsschlag.

neigende Joseph diese klare Bevorzugung nur schwer verkraftete, lag auf der Hand. Tatsächlich kam es zu Szenen offener Rivalität zwischen den Brüdern. Karl verstand es, dem eifersüchtigen Joseph noch eins draufzusetzen. Er sei »nur« ein Erzherzogssohn, soll er ihm an den Kopf geworfen haben. Er hingegen sei bereits in kaiserlichem Purpur geboren – reine Übertreibung übrigens, denn sein Vater wurde erst ein halbes Jahr nach seiner Geburt zum Kaiser gekrönt.

Pläne für Karl Joseph

Für die Zukunft ihres Lieblingssohnes machte Maria Theresia konkrete Pläne. Sie sah vor, dass er seinem Vater als Herzog von

Toskana nachfolgen sollte. Je älter er wurde, desto mehr gab Karl jedoch zu verstehen, dass er sich zu Höherem berufen fühle, zur Übernahme der Regentschaft seiner Mutter zum Beispiel. Auch das beobachtete Joseph mit wachsendem Unmut. Bei der Wahl seiner künftigen Gemahlin entschied sich Maria Theresia für eine bourbonische Prinzessin, für Maria Ludovica, Tochter Karls III. von Spanien. Durch ihre Heiratspolitik trachtete sie danach, die uralte Erbfeindschaft zwischen den Häusern Habsburg und Bourbon endlich beilegen zu können.

Bei der Auswahl der künftigen Gemahlin war es ausnahmsweise Karl, der seinen Bruder Joseph beneidete. Er war dabei, als Isabella von Parma im September ihren feierlichen Einzug in Wien hielt. Und wie alle Welt war auch er auf Anhieb von der »Märchenprinzessin« bezaubert und begann heftig für sie zu schwärmen. Umso schmerzlicher muss es ihn getroffen haben, dass die für ihn vorgesehene Maria Ludovica nicht annähernd so schön war wie Isabella. Zu diesem Zeitpunkt konnte Karl freilich noch nicht ahnen, dass ihm das Schicksal diese Ehe ersparen sollte – wenn auch auf tragische Weise.

Ein allzu früher Tod

Im Spätherbst 1760 erkrankte Erzherzog Karl plötzlich. Er fieberte, alles wies auf eine für diese Jahreszeit nicht ungewöhnliche Erkältung hin. Als sich sein Zustand lange nicht besserte, kehrte Maria Theresia sogar früher als geplant aus Schönbrunn in die Hofburg zurück, um ganz in seiner Nähe sein zu können. Tatsächlich erholte er sich, allerdings nicht ganz.

Anfang Januar verschlimmerte sich Karls Zustand dramatisch. Er klagte über heftige Kopfschmerzen, hatte hohes Fieber. Als sich am ganzen Körper Bläschen und Pusteln bildeten, mussten die Ärzte die niederschmetternde Diagnose stellen: Erzherzog Karl war an den Pocken erkrankt, der Geißel des Hauses Habsburg.

Die Krankheit nahm einen wechselhaften Verlauf. Am 13. Januar ging es dem jungen Patienten so schlecht, dass in den Nachtstunden das Schlimmste befürchtet werden musste. Um halb vier Uhr früh erhielt er im Beisein seiner Eltern und Geschwister die letzte Ölung durch den eilig herbeigerufenen Burgpfarrer. Am nächsten Tag trat Besserung ein, am Abend wieder Verschlechterung, und dieses zermürbende Wechselspiel wiederholte sich bis zum 18. Januar 1761. Dann allerdings verlor der junge Prinz den Kampf mit dem Tod. Die Pocken hatten im Haus Habsburg abermals ein Opfer gefordert.

Wie gefasst und ernst der erst 16-jährige Erzherzog sich angesichts des nahenden Todes verhalten hat, notierte der Biograf von Isabella von Parma, Eduard P. Danszky: »Trotz der starken Schmerzen, gegen die alle Mittel machtlos waren, ... bewies er ein Heldentum im Leiden, das den alten Holländer [van Swieten] außer Fassung brachte ... Der Erzherzog fragte, ob er sich mutig genug gegen den Tod aufführe, er sei Oberst eines Kavallerie-Regiments und wolle S. Majestät keine Schande machen.« Er tröstete die in Tränen aufgelöste Kaiserin mit den Worten: »Trauere nicht über meinen Tod, liebste Mutter, ich würde dir größere Schmerzen bereiten, wenn ich am Leben bliebe ...«[5]

Danszky berichtet weiter, er habe nicht zu Ende gesprochen, weil Joseph an sein Lager getreten sei. Dieser richtete ihm Isabellas Grüße aus und erklärte, sie sei nicht aus Angst vor Ansteckung nicht zu ihm gekommen, sondern aus übergroßer Teilnahme an seinem Leiden. Schließlich habe Joseph Karls Hand ergriffen und erklärt: »Ich bin mehr in Ihrer Schuld als Sie in der meinen, lieber Bruder Carl.«[6]

Für Maria Theresia war der Tod ihres geliebten Sohnes ein Schicksalsschlag, von dem sie sich lange nicht erholte. An ihre Jugendfreundin Gräfin Rosalie Edling, Salerl, schrieb sie im Januar 1761: »Bete für mich, denn Gott hat mir viel auferlegt. Ich ... verlange nichts anderes als zu seiner Ehre und zum Nutzen der Länder und Heile meiner Kinder, so lange Gott es noch will, mein Leben anzuwenden, so traurig es auch jetzt und künftig noch zu sein scheint.«[7]

8. KAPITEL

„Der Fratz in Parma"

MARIA AMALIA (1746–1804)

Die Fastenzeit hatte gerade begonnen. Am Vormittag des 25. Februar wohnte die kaiserliche Familie in der Hofkapelle der Fastenandacht bei, am Nachmittag standen nach dem »gewöhnlichen Rosenkranz Completorium und Miserere« auf dem Programm. Am nächsten Vormittag spürte Ihro Majestät laut Wienerischem Diarium, dass die »Zeit dero höchst gesegneten Leibes Entbindung heran nahete«. Eiligst wurde in den Hofkapellen und Stadtpfarrkirchen das Allerheiligste ausgesetzt. Das wirkte. Abends »zwischen halb und dreiviertel auf elf« erblickte eine »wolgestaltete Kaiserl. Königl. Prinzessin und Ertzherzogin« das Licht der Welt. Sie wurde am nächsten Abend getauft, auf die Namen Maria Amalia Josepha Johanna Antonia.

Die Geburt dieses Kindes fiel in keine glückliche Zeit. Die Stimmung am Wiener Hof war nicht nur wegen der Fastenzeit getrübt. Maria Theresia führte immer noch Krieg. Mit dem Frieden von Dresden war zwar im Dezember 1745 der Zwist zwischen Österreich und Preußen beigelegt worden, in den Niederlanden und in Italien aber wurde weiter gekämpft. Glücklos vorerst. Die kaiserlichen Truppen standen unter unfähiger Führung, sie warteten vergebens auf Sold und Nachschub, Demoralisierung griff um sich. Parma, Pavia und Mailand waren bereits aufgegeben. Maria Theresias Verzweiflung stieg von Monat zu Monat. Daran änderte auch die glückliche Entbindung nichts. Die Wende kam erst im Sommer, da gewann Fürst Joseph Wenzel Liechtenstein die italienischen Gebiete zurück.

Dass Amalia unter keinem guten Stern geboren wurde, sollte sich später tragisch beweisen. Sie war eine der Töchter Maria Theresias, die nur begrenzt in den Genuss mütterlicher Liebe kamen. Sie hatte die Rolle zu akzeptieren, die ihr von der Mutter als Figur im dynastischen Schachspiel um Politik und Macht zugedacht wurde. Und sie war die einzige Tochter, mit der Maria Theresia brach.

Amalia, ein kleiner Dickschädel

Die Kindheit der kleinen »Mali«, die später auch »Amelie« gerufen wurde, verlief ungetrübt. Ihre Gesundheit war zwar nicht robust, sie überstand jedoch alle Kinderkrankheiten und blieb von den Pocken verschont. Ein traumatisches Erlebnis hatte die kleine Prinzessin mit neun Jahren. Auf Grund eines krampfartigen Anfalles verordnete der Leibarzt ein Klistier. Amalia widersetzte sich heftig, schließlich wurde Gewalt angewendet. Mit entsetzlichen Folgen: Das Kind trug schwere Verletzungen am Mastdarm davon. Es dauerte Wochen, aber schließlich verheilten die Wunden.

Amalia war ein lebhaftes, interessiertes und gescheites Kind. Schon früh verstand sie es, ihren Willen durchzusetzen. Die gestrenge Frau Mama musste besorgt registrieren, dass sie sich als richtiger Dickschädel zeigte, arrogant und hochmütig. Wie alle ihre Geschwister wurde sie in Geschichte, Staatskunde, Rechtschreibung und ein wenig Mathematik unterrichtet, sie erhielt Tanzstunden, durfte malen, sticken, musizieren und Theateraufführungen einstudieren. Da sie altersmäßig jedoch weder zu ihren älteren Schwestern Marie Christine und Maria Elisabeth noch zu den jüngeren Johanna Gabriela und Maria Josepha passte, wurde sie innerhalb der Kinderschar isoliert erzogen, fast wie ein Einzelkind.

Die Folge war, dass Amalia viel allein war, in sich gekehrt. Im Unterschied zu ihren Geschwistern liebte sie es, durch die Natur zu streifen, den Vögeln zuzuhören und Tiere zu beobachten. Ihre größte Freude waren Jagden. Der Kaiser erkannte diese Vorliebe. Er nahm seine Tochter schon mit sechs Jahren auf Pirschgänge mit und erlaubte ihr, ihn bei der Beizjagd zu begleiten.

Maria Amalia war von klein auf ein ernsthaftes, nachdenkliches Kind. Das Schicksal meinte es nicht gut mit ihr, Maria Theresia opferte sie politischem Kalkül und verheiratete sie gegen ihren Willen mit Ferdinand von Parma.

Ein abgewiesener Heiratskandidat

Während Maria Theresia für ihre anderen Töchter schon früh Heiratspläne schmiedete und danach trachtete, ein dichtes Netz an verwandtschaftlichen Beziehungen über ganz Europa zu spinnen, ließ sie sich bei dieser Tochter lange Zeit. »Amelie« war schon 22, und noch immer hatte sie keinen Heiratskandidaten ernsthaft ins Visier genommen. Da erschien 1767 Karl von Zweibrücken am Wiener Hof, eine »sehr ansprechende Erscheinung«, wie Obersthofmeister Khevenhüller notierte. Amalia verliebte sich Hals über Kopf in den gutaussehenden Herzog. Im Jahr zuvor hatte ihre Schwester »Mimi« den Mann ihres Herzens heiraten dürfen. Schon träumte sie davon, ebenfalls eine Liebesheirat eingehen zu können. Was für ein Irrtum!

1768 hielt Karl August von Zweibrücken offiziell um die Hand der Erzherzogin Maria Amalia an. Er wurde barsch abgewiesen. Maria Theresia und der alte Drahtzieher Kaunitz hatten befunden, dass er politisch nicht bedeutend genug war für die Kaisertochter und überdies zu wenig begütert. Aus der Traum. Da halfen weder Tränen noch bitten und trotzen.

Der so schnöde Abgewiesene startete zwei Jahre später noch einen Versuch, er hielt 1770 um die Hand von Amalias Schwester Elisabeth an. Als er abermals abblitzte, wurde er zum erklärten Gegner des Hauses Habsburg, schlug sich auf die Seite des Preußenkönigs Friedrich II. und ließ nichts unversucht, die Machtbestrebungen Österreichs im deutschen Raum zu untergraben. Nicht zuletzt an seinem Einspruch scheiterte später der Tausch Bayerns gegen die Österreichischen Niederlande.

Amalia, der Heiratspolitik Maria Theresias geopfert

Für Amalia begann bald nach dieser Romanze der Ernst des Lebens. Maria Theresia hatte sich für Ferdinand von Parma entschieden, den erst 17-jährigen Bruder der so früh verstorbenen Isabella von Parma. Er war dem Titel nach Infant von Spanien, sein Vater Don Philipp war der Sohn des spanischen Königs, seine Mutter Elisabeth die Lieblingstochter des französischen Königs Ludwig XV. In Wien stimmte Joseph, der inzwischen die Kaiserkrone trug, diesem Heiratsplan spontan zu, schon im Gedenken an seine heiß geliebte Isabella. Amalia reagierte mit Schreianfällen.

Maria Theresia blieb unerbittlich. Sie hatte Parma nach dem österreichischen Erbfolgekrieg 1748 an Spanien abtreten müssen, seither regierten dort Bourbonen. Die Intensivierung der Beziehungen mit dem Herzogtum hatte für sie Vorrang. Dass Ferdinand von Parma noch so jung war, störte sie nicht. Und dass er ein völlig ungeeigneter Partner für ihre hübsche und gescheite Tochter war, entging ihrer Aufmerksamkeit. Was zählte, war, dass Parma eine Stärkung der habsburgischen Macht in Mittelitalien versprach.

Ferdinand von Parma hatte die beste Erziehung genossen, die es zur damaligen Zeit gab. In der Stadt der Kunst und der Wissenschaften hatte sein Vater Gelehrte und Philosophen engagiert, um seinem Sohn Wissen und kultivierte Lebensart einzutrichtern. Aber sowohl Abbé Gabriel Bonnot de Mably, ein führender Kopf der Aufklärung, als auch sein jüngerer Bruder, der Philosoph Etienne Bonnot de Condillac, vermochten nichts auszurichten. Ferdinand erwies sich als bigotter Hohlkopf, der mit nichts zu füllen war.

Details über die abgrundtiefe Dummheit und Tölpelhaftigkeit ihres zukünftigen Gemahls blieben »Amelie« in Wien vorerst noch erspart. Alles, was sie über Ferdinand in Erfahrung gebracht hatte, stürzte sie aber auch so in Verzweiflung. Es war ihr kein Trost, dass sie eine besonders schöne Brautausstattung erhielt. Auch die Versicherungen, sie werde durch diese Heirat Mitglied des wohlhabenden spanischen Hofes und dürfe auf hohe Einkünfte hoffen, trafen auf taube Ohren. Und nicht einmal die Beschwörungen der Mutter, die Zeit werde den im Moment erschreckend großen Altersunterschied ausgleichen und Ferdinand werde dann aufhören, sich beim Glockenläuten an das Seil zu hängen und mit lautem Juhuu durch die Luft zu sausen, trugen nicht zur Aufhellung ihrer Stimmung bei.

Dem Willen der Mutter beugte sich Amalia dennoch. Sie willigte in die für Ende 1768 geplante Hochzeit ein. Aber noch gewährte ihr das Schicksal Galgenfrist. Papst Clemens XIII. ließ sich mit der Ehedispens Zeit, um auf diese Weise gegen die antikirchlichen Maßnahmen der Bourbonen zu protestieren. Erst als er starb und ihm Clemens XIV. nachfolgte, konnte die Hochzeit über die Bühne gehen. Sie wurde am 27. Juni 1769 per procurationem in der prachtvoll geschmückten Augustinerkirche in Wien geschlossen. Maria Theresia, auch bei diesem Anlass in schwarzer Witwentracht, führte ihre Tochter an der Hand in die Kirche, am Altar gab der schönen Braut ihr damals erst 15-jähriger Bruder Ferdinand als Stellvertreter des Bräutigams das Jawort.

Der schwere Gang in die Ehe

Am 1. Juli trat Amalia ihre schwere Reise nach Süden an. Auf ausdrücklichen Wunsch Maria Theresias verlief die Reiseroute über Innsbruck, dort sollte sie vor dem Verlassen ihrer Heimat im Sterbezimmer des Vaters ein letztes Gebet sprechen. Im Gepäck hatte sie die guten Ratschläge ihrer Mutter. Sie enthielten nicht nur Regeln für das künftige Leben der Herzogin, sondern auch eine gewaltige Ladung beißender Kritik. Sie habe sich ja nie für andere Künste und die Wissenschaft interessiert, alle Mühe, die man sich diesbezüglich gegeben habe, sei ja umsonst gewesen, ätzte die möglicherweise auch durch das monatelange Gezeter und Geschrei ihrer Tochter entnervte Mutter. Und dann, in völliger Verkennung der Person des Bräutigams, setzte sie noch nach: »... Was könnten Sie einem so geistvollen, unterrichteten Prinzen gegenüber, wie Ihr Gemahl ist, anfangen? Womit wollen Sie ihn unterhalten? Mit Geschichtchen von hier und aus Ihrer Kindheit? Mit Ihrer Reise? Mit meiner Krankheit?«[1]

Seite um Seite folgten Ratschläge ohne Ende. Amalia solle sich nicht in die Regierungsgeschäfte einmischen, sie solle an der Hofhaltung nichts verändern, Geld nicht verschwenden, Bescheidenheit üben, die religiösen Pflichten nicht vernachlässigen, nicht hochmütig sein und so weiter und so weiter. Amalia sollte die Ratschläge einmal pro Monat gewissenhaft lesen. Das hat sie sicher nicht gemacht.

Während in Wien noch glänzende Feste gefeiert wurden und für August aus Anlass der Hochzeit sogar ein großes Turnier geplant wurde, liefen in Parma schon die Vorbereitungen zum Empfang der Braut auf Hochtouren. Zwei Triumphpforten wurden errichtet, ein Denkmal enthüllt. Das Wienerische Diarium schrieb: »Gedachtes Denkmal ... an dem Tag der Kundmachung des königl. Beylagers mit der Ertzherzogin Amalia aufgedeckt ... ist auf dem Gipfel mit Kränzen und Myrthen und Granatapfelblühe, als Sinnbilder der Herzensvereinigung, gekrönet worden ...«[2]

Was den jubelnden Hofberichterstattern entging, war, dass die Realität anders aussah. Besonders die »Herzensvereinigung« ließ auf sich warten. Nachdem Amalia in Parma mit größtem Pomp empfangen worden war, ging am 19. Juli im Sommerpalast des Herzogs, im Palazzo Colorno, die eigentliche Hochzeit über die Bühne. Amalia stand die Trauung durch und nahm auch noch an den anschließenden Festlichkeiten teil. Den Vollzug der Ehe aber verweigerte sie. Sie wies ihren frisch angetrauten Gemahl in der Hochzeitsnacht brüsk zurück. Peinlich, peinlich, aber als Begründung nannte sie mangelnde Hygiene. Trotz der Bemühungen des Hofes, den hygienischen Zustand des jungen Herzogs zu verbessern, sollte es zwei Monate dauern, bis die Ehe endlich vollzogen wurde.

Skandal bei Hof

Tatsächlich waren mit Amalia und Ferdinand zwei Menschen von höchst unterschiedlichen Charakteren unter das Ehejoch gezwungen worden. Amalia war eine lebhafte, zu dominantem und hochmütigem Verhalten neigende junge Frau. Ferdinand hingegen war bescheiden, fromm und sanftmütig, noch ein halbes Kind. Er hatte mit acht Jahren seine Mutter verloren und war mit 14 Jahren zur Vollwaise geworden. Studien, Kunst und Wissenschaft interessierten ihn nicht im Geringsten. Er floh vor seinen Lehrern in die Kirche und entwickelte eine regelrechte Bigotterie. Wohl fühlte er sich nur beim »gemeinen Volk«.

Der frühe Tod seines Vaters hatte Ferdinand völlig überfordert. Die Regierungsgeschäfte führte der französische Minister du Tillot. Er hatte sich entschieden gegen eine Heirat des Infanten mit einer habsburgischen Kaisertochter ausgesprochen und zu einer Braut aus den Häusern Este oder Orléans geraten. Amalia erfuhr davon natürlich, und sie schwor Rache. Gemeinsam mit Ferdinand ließ sie nichts unversucht, um du Tillot zu entmachten. Dabei schoss sie über das Ziel hinaus. Die Spannungen gerieten zum Skandal, bald flogen die Briefe zwischen Parma, Madrid und Wien nur so hin und her.

»Amelie« legte mittlerweile ein Verhalten an den Tag, das in krassem Gegensatz zu den »Ratschlägen« ihrer Mutter stand. Ganz der Wiener Dickkopf, war sie entschlossen, ihre Rolle als Herzogin nicht auf Repräsentationsaufgaben zu beschränken. Sie wollte die Geschicke des Herzogtums lenken, regieren, eine Rolle spielen. Munter gab sie Dekrete heraus, die mit den Worten begannen: »Wir, der König, und meine Frau…«, und kümmerte sich nicht im Geringsten um die Etikette. Völlig undenkbar für eine Herzogin, erkundete sie Parma barfuß in langen Spaziergängen, ritt in die Umgebung hinaus, warf Münzen unter das Volk, unternahm Jagdausflüge und richtete im Palast eine Anlaufstelle für Bedürftige ein. Gerade das weckte den Widerwillen des spanischen Hofes. Man warf ihr vor, sie fülle die Gänge des Palastes mit Bettlern. In Parma selbst flogen »Amelie« die Herzen zu. Die junge Herzogin war beim Volk beliebt, schließlich war sie die Erste, die sich um seine Sorgen und Anliegen kümmerte.

In Wien fiel inzwischen Maria Theresia von einer Bestürzung in die nächste. Schließlich schickte sie einen Gesandten, Freiherrn Philipp von Knebel, nach Parma. Sein Auftrag lautete unmissverständlich, die unbotmäßige Tochter in die Schranken zu weisen, ihr nahezulegen, sich von den Regierungsgeschäften fernzuhalten, ein stilles, zurückgezogenes Leben zu führen und für Nachkommen zu sorgen. Herr von Knebel biss in Parma auf Granit. Amalia war längst nicht mehr bereit, sich von der Mutter maßregeln zu lassen. Sie antwortete auf die Vorhaltungen des Gesandten mit einer Schimpftirade gegen ihren trägen, verlogenen und unfähig schwachen Gemahl und beklagte, sie sei in Parma von Schurken, Lügnern und Spionen umstellt. Knebel gelang es zwar, die Etikette einigermaßen wiederherzustellen und einige hohe Beamte auszutauschen, mehr aber war nicht möglich.

Im November 1770 brachte Amalia in Parma ihr erstes Kind zur Welt, die besonders hübsche Prinzessin Caroline. Damit schien zumindest der Beweis erbracht, dass die Ehe des Herzogpaares intakt war. Großmutter Maria Theresia atmete in Wien erleichtert auf. Aber sie durfte sich nicht lange freuen. Schon im folgenden März überbrachte Graf Wilczek, der österreichische Geschäftsträger in Neapel, der auf seiner Rückreise nach Wien in Parma Station gemacht hatte, die Schreckensnachricht, in Parma sei alles beim Alten. Das Kesseltreiben gegen du Tillot gehe weiter, Intrigen und Hofklatsch stünden auf der Tagesordnung, die

Mit ihrem etwas dümmlichen und bigotten Ehemann wurde Maria Amalia nicht glücklich. Kinder hatten sie trotzdem – ihre Erstgeborene, Caroline, wurde später die Mutter zweier sächsischer Könige.

Herzogin reite ungeniert zu Jagdausflügen aus. Und überhaupt werfe das Herzogpaar das Geld mit beiden Händen zum Fenster hinaus.

Kein Ende der Dissonanzen

Im Jahr 1771 berief der spanische König endlich den verhassten du Tillot ab. Seine Stelle übertrug er José de Llano, einem Beamten der spanischen Staatskanzlei. Ihm gegenüber benahm sich Amalia gleich zu Beginn vollkommen daneben. In einem Handbillett gab sie ihm barsch zu verstehen, wer der Herr im Hause Parma sei. Sie wolle sich nicht in die Regierungsgeschäfte einmischen, aber sie werde in ihrem Haus befehlen. Er habe zu gehorchen.

Dieser Affront vergiftete nicht nur das Klima in Parma, er sorgte auch für heftigen Unmut an den Höfen von Madrid und Wien. Maria Theresia malte sich die Zukunft ihrer Tochter in düstersten Farben aus. Zurück nach Wien konnte der »Fratz in Parma« auf keinen Fall. Sollte es zu einer Trennung von Ferdinand kommen, müsse sie ins Kloster. Auf finanzielle Unterstützung aus Wien dürfe sie nicht zählen. Um ihrer Tochter dies alles noch einmal aufs Schärfste klarzumachen, schickte sie abermals einen Gesandten. Diesmal war es Graf Rosenberg, der, ausgestattet mit schier endlosen Ermahnungen und Maßregelungen, in Parma für Ordnung sorgen sollte.

Als drastische Maßnahme brach Maria Theresia den Briefverkehr mit ihrer Tochter ab und untersagte es auch ihren anderen Kindern, mit ihr zu korrespondieren.

Rosenberg konnte in Parma nichts ausrichten. Das traf Maria Theresia hart. In Parma spitzte sich die Situation im Laufe des Jahres 1772 dramatisch zu. Das Herzogpaar brach auch mit dem neuen Minister Llano, dieser kehrte brüskiert nach Spanien zurück. Jetzt hatte auch der spanische König genug von den Eskapaden in Parma. Er erwog kurzfristig sogar Truppen zu entsenden, entschied sich dann aber doch dafür, lediglich den Geldhahn zuzudrehen. Das ließ in Wien Maria Theresia hoffen, dass dem Herzogpaar in Parma über kurz oder lang das Geld ausgehen werde und sie die Könige von Spanien und Frankreich auf den Knien um Hilfe anflehen würden, weil ihnen die Mittel für das Allernötigste fehlten.

Maria Theresia hoffte vergeblich. Im Dezember beklagte sie sich in einem Brief an Leopold in Florenz, niemand könne wohl

Ferdinand von Parma daran hindern, außer Haus zu schlafen, mit dem niederen Volk zu verkehren und sich mit absurden Befehlen lächerlich zu machen. Wie solle er Amalia daran hindern, Pferde aus dem Stall zu holen, in die Berge zu reiten, zu jagen, ihr Geld für Geschenke zu verprassen und schließlich merkwürdige Reden zu halten?[3] Sie dachte sogar brieflich darüber nach, dass wohl nur Einsperren helfen würde, man dazu aber die beiden für verrückt erklären müsste …

Eine verhärmte Frau

Im Sommer 1773 trat im leidigen »Fall Parma« eine Wende ein. Amalia brachte am 15. Juli einen Thronfolger zur Welt, der auf den Namen Ludwig getauft wurde. Mit diesem freudigen Ereignis war das Eis gebrochen. Die frisch gebackene Großmutter in Wien übersandte Glückwünsche, am spanischen Hof wurde drei Tage Gala gehalten und der König übersandte dem Neugeborenen den Orden vom Goldenen Vlies. Bald danach kam der Briefwechsel zwischen Madrid und Parma wieder in Schwung und auch Mutter und Tochter verkehrten nun wieder brieflich miteinander. Blankes Entsetzen rief allerdings wenige Monate später bei Maria Theresia ein Porträt »Amelies« hervor, das ihr diese mit den Bildern ihrer beiden Kinder übersandt hatte: Aus ihrer schönen, temperamentvollen Tochter war innerhalb weniger Jahre eine abgezehrte, hässliche alte Frau geworden, die so krank und schwach aussah, dass man ihr kaum noch zwei Jahre zu leben gab. Ob dies der Zeitpunkt war, an dem Maria Theresia dämmerte, was sie ihrer Tochter angetan hatte? In Parma änderte sich indes auch in den folgenden Jahren nicht viel. Herzog Ferdinand kultivierte seine Schrullen weiterhin und pflegte seine Bigotterien. Er verbrachte täglich mehrere Stunden mit Putzarbeiten in der Kirche San Liborio, gab den Kirchen und Klöstern ihre Privilegien zurück, gewährte ihnen Steuerfreiheit und führte sogar die Inquisition wieder ein. Ansonsten mischte er sich gerne unter das niedrige Volk. Und dieses verehrte ihn, ganz im Gegensatz zu seiner Gemahlin. Sie verachtete ihn für seine Albernheiten. Und sie hasste es, dass er sich nicht um

Ferdinand von Parma konnte seiner Frau nicht das Wasser reichen. Bei Ministersitzungen kritzelte er Männchen auf Papier, verbrachte Stunden mit Putzarbeiten in der Kirche, trank gern über den Durst – und brachte mit diesem Verhalten seine Frau zur Verzweiflung.

die Regierungsgeschäfte kümmerte und völlig desinteressiert lieber Männchen auf Papierfetzen kritzelte, als dem Vortrag seiner Minister Aufmerksamkeit zu schenken.

Das Paar lebte sich in den folgenden Jahren auseinander. Ferdinand verbrachte die meiste Zeit des Jahres in dem riesigen Palazzo Colorno. Er liebte es, sich auf Jahrmärkten herumzutreiben, trank oft und gern über den Durst, saß angeheitert bei den Kastanienbratern, wurde in Raufhändel verwickelt oder soff überhaupt halbe Nächte mit den Mönchen durch. Dann kam es nicht selten vor, dass er nicht mehr imstande war, den Heimweg anzutreten und ihn die Mönche zur Ausnüchterung in eine Gastzelle bringen mussten.

Amalia konnte nichts anderes tun, als auf Distanz zu gehen.

Maria Amalia mit den traurigen Augen: Zu allem Überfluss hatte auch ihre Mutter Maria Theresia den Kontakt zu ihr abgebrochen – erst nach der Geburt eines Thronfolgers, Ludwig, lebte der Kontakt wieder auf.

Sie hielt sich oft in dem herzoglichen Landhaus Sala auf. Dort führte sie ein zurückgezogenes Leben, lenkte sich gelegentlich mit jungen Gardeoffizieren ab und fand reichlich Gelegenheit, ihrer Lieblingsbeschäftigung nachzugehen, der Jagd. Mit ihrem exzentrischen Gemahl muss ihr ein Arrangement gelungen sein, schließlich erfüllte sie ihre ehelichen Pflichten und brachte im Laufe der Jahre fünf weitere Kinder zur Welt, 1774 Maria Antonia, 1777 Charlotte, 1783 Philipp, 1784 Antonia Luisa und 1787 Maria Luisa, da war sie bereits 41 Jahre alt.

Maria Theresia ließ sich in Wien von so vielen Seiten wie möglich über die Ereignisse in Parma berichten. Sie zeigte nach wie vor heftigstes Interesse und sparte auch nicht mit Kritik.

Den ausführlichsten Bericht über das Herzogpaar erhielt Maria Theresia von Albert von Sachsen-Teschen, der Amalia 1776 gemeinsam mit »Mimi« besuchte. Herzog Ferdinand kam in seiner Beschreibung gar nicht so schlecht weg, er erwähnte lediglich, dass seine Erscheinung wenig nobel war, dass er scheu und verlegen wirkte und man ihm Trägheit, Indolenz und geringe Fähigkeit für die Geschäfte nachsagte. Ein erschütterndes Bild hingegen zeichnete er von »Amelie«: »... Die Infantin war so verändert, daß ich sie nicht wiedererkannte. Keine Spur von jenem Glanze, jener Schönheit, die man einst an ihr bewunderte, ist geblieben. Ihre schöne Taille ist verschwunden. Kleidung und Gang tragen noch mehr bei, sie zu entstellen. Sie ist weniger fröhlich, weniger entschieden als jemals. Ihre älteste Tochter ist das schönste Kind, das man sich denken kann, hat aber einen Zug von Düsterheit und Traurigkeit, sodaß man es nur mit Wehmut ansehen kann ...«[4]

Diese Schilderungen rührten das Herz der mittlerweile alt und krank gewordenen Maria Theresia. Sie forderte ihre Kinder auf, ihre unglückliche Schwester lieb zu behandeln und sie aufzumuntern. Viel half dieser Appell nicht. Außer einigen wenigen Briefen von Maria Karolina aus Neapel erreichte sie wenig Tröstliches. Und auch ihren dringenden Wunsch, nach Wien reisen und ihre Mutter ein letztes Mal sehen zu dürfen, schlug ihr Maria Theresia 1780 ab, nicht zuletzt weil Joseph angedroht hatte, Wien sofort zu verlassen, sollte seine Schwester kommen. Und so starb Maria Theresia, ohne ihre Tochter jemals wiedergesehen zu haben.

Vertrieben und heimatlos

Parma hatte zwar nicht unter den Folgen der französischen Revolution zu leiden, wohl aber unter Napoleon. Er beschloss im Vertrag von Aranjuez, dass Parma dem Kaiserreich Frankreich einverleibt werden und Ferdinands Sohn Ludwig die Herrschaft über das Königreich Etrurien übernehmen sollte. Französische Truppen marschierten ein, Parma wurde seiner Kunstschätze beraubt. Im Oktober 1802 starb Ferdinand. Jetzt hatte Amalia Parma zu verlassen.

56 Jahre alt, schwer an Rheuma und einer schmerzhaften Verhärtung der Brustdrüsen leidend, stand die einstige Schönheit vor den Trümmern ihres Lebens. Sie war plötzlich eine Vertriebene, Heimatlose. Nach Wien zurückzukehren erlaubte ihr der Kaiser,

es war seit 1792 ihr Neffe Franz II., nicht. Er wies sie an, nach Prag zu gehen.

Im Winter 1802 traf Amalia mit einem Teil ihres italienischen Hofstaates in Prag ein. Sie bezog einen Trakt der königlichen Burg auf dem Hradschin. Dort waren ihr noch eineinhalb Lebensjahre vergönnt. Sie starb am 18. Juni 1804. Begraben wurde die unglückliche Tochter Maria Theresias im Prager Veitsdom. Nur ihr Herz kehrte nach Wien zurück, es wird in der Herzgruft der Augustinerkirche aufbewahrt.

9. KAPITEL

Friedensfürst „Poldl"

LEOPOLD (1747–1792)

Im Sommer 1746 durfte sich Maria Theresia über eine willkommene Veränderung freuen. Die Ausbauarbeiten von Schönbrunn waren so weit gediehen, dass die kaiserliche Familie den Ostflügel beziehen konnte. In den ersten Maitagen des Jahres 1747 nützte die licht- und sonnenhungrige Regentin das angenehm warme Wetter, um hinaus ins Grüne zu ziehen. Und weil sie wieder einmal guter Hoffnung war, entschloss sie sich dazu, »allda Dero Kind-Bethe zu halten«, wie das Wienerische Diarium berichtete.

Freitag, den 5. Mai, setzten in aller Frühe die Wehen ein. Sofort eilten alle Mitglieder des Hofes nach Schönbrunn. Sie brauchten nicht lange zu warten. Schon um zehn Uhr verkündete lauter Jubel, dass ein dritter, »schöner und gesunder Prinz« geboren worden war. Unter Abfeuerung der Kanonen auf den Stadtwällen fand noch am selben Abend die feierliche Taufe statt. Als Taufpatin fungierte laut Wienerischem Diarium »Ihre Majestät die Kaiserin Aller Russen Elisabetha Petrowna«, ihr zu Ehren erhielt der neu geborene Prinz die Namen Petrus Leopoldus Josephus Johannes Antonius Joachim Pius Gothardus. Den Namen der Zarin sollte er später nur als Großherzog der Toskana führen. Dort nannte er sich Pietro Leopoldo. In Wien war er immer der »Poldl«.

Frühe Heiratspläne und Rochaden

So wie Maria Theresia für die meisten ihrer Töchter von frühester Jugend an Heiratspläne schmiedete, um die Macht des Hauses Habsburg in Europa zu stärken, überließ sie auch bei der Zukunft ihrer Söhne nichts dem Zufall. Joseph, der erstgeborene Sohn, war der Thronfolger. Karl, der zweitgeborene Sohn, sollte Großherzog der Toskana werden, als Braut wurde ihm Maria Ludovica zugedacht, die Tochter König Karls III. von Spanien. »Poldl«, der drittgeborene Sohn, sollte Herzog von Modena werden, mit Sitz in Mailand. Um dies auch durch familiäre Bande zu untermauern, legte Maria Theresia schon im Mai 1753 vertraglich fest, dass er Marie Beatrix d'Este heiraten sollte, die Tochter des Erbprinzen Ercole von Modena. Zu diesem Zeitpunkt waren Leopold sechs und Marie Beatrix drei Jahre alt.

Das Schicksal machte Maria Theresias Pläne zunichte. Im Jahr 1761 rissen die Pocken den liebenswertesten ihrer drei älteren Söhne aus dem Leben. Für Leopold bedeutete dies, dass nun er zum Großherzog der Toskana werden und die spanische Infantin Ludovica heiraten sollte. Modena und die ursprünglich vertraglich Leopold zugesprochene Braut Marie Beatrix hingegen gingen nun auf den 1754 geborenen Ferdinand über. Rochaden dieser Art waren zu jener Zeit durchaus üblich.

Jugendliche Unarten

Im Unterschied zu Joseph lernte »Poldl« zwar leicht, er bereitete seiner Mutter aber durch diverse Unarten Sorgen. 1761 ernannte sie den Grafen Franz von Thurn, der sich im Siebenjährigen Krieg als General bewährt und der eigentlich auf eine Militärkarriere gehofft hatte, anstelle des Grafen von Künigl zu seinem neuen Ajo. In dem Schreiben zur Einführung in sein neues Amt deckte die energische Mutter die Fehler ihres Sohnes auf: Er sei verweichlicht und faul, neige zu Vorurteilen, versuche, seine Ziele notfalls auch mit List zu erreichen und verwende gerne ordinäre Ausdrücke.[1]

Graf von Thurn ging an seine neue Aufgabe generalstabsmäßig heran. Schon im Mai des nächsten Jahres legte er Maria Theresia ein »Tableau« des Erzherzogs Leopold vor, eine Art Rechenschaftsbericht über die Zeit, in der er mit der »Leitung seines Betragens betraut war«. Darin listete er in 20 Punkten die Fehler und

Als Kind war Leopold ein richtiger Schlingel – stets zu Unfug und Späßen aufgelegt, sehr zum Ärger seiner Erzieher.

deren »Verbesserungen« auf. Sie ergeben ein regelrechtes Charakterbild des jungen Erzherzogs. Einige Beispiele:

Erstens: Leopold mache häufig ein finsteres Gesicht, was auf eine traurige und verärgerte Stimmung hinweise.

Verbesserung: ... Das habe sich zum Teil gebessert, nur bei Audienzen blicke er manchmal noch finster drein, weil er verlegen sei, öffentlich aufzutreten.

Drittens: Er habe eine Neigung zum niederen Volk, unterhalte sich gerne mit Dienstboten und liebe Erzählungen von der Straße.

Verbesserung: Indem man ihn nie allein lasse, seien die Möglichkeiten dazu sehr reduziert.

Sechstens: Sehr mäßiger Fleiß.

Verbesserung: Dieser könnte wirklich sehr viel größer sein.

Siebtens: Er sei nicht sehr reinlich.

Verbesserung: Zur Reinlichkeit müsse man ihn stets ermahnen.

Dreizehntens: Er sei weder beim Gehen noch Sitzen noch Stehen sehr graziös. So strecke er zum Beispiel immer den Bauch vor, spucke, beiße an den Nägeln, esse unsauber, sehe die Menschen nicht an, wenn er mit ihnen spreche etc.

Verbesserung: Trotz beharrlicher Arbeit des Grafen von Thurn an diesen Fehlern, habe er sich bisher darin noch nicht sonderlich gebessert.[2]

Mit den Jahren griffen die Erziehungsmaßen des Grafen Thurn und seines Bruders Anton dann doch. Mit 15 beherrschte Leopold die französische, die deutsche, die lateinische und ein wenig die böhmische Sprache und begann Italienisch zu lernen, das später in Florenz das breite Wienerisch ablösen sollte, dessen er sich in der Hofburg so gerne bediente. Erwachsen geworden, zeigte er großes Interesse an den Naturwissenschaften, der Technik und dem Gedankengut der Aufklärung, mit dem Violinspiel hingegen konnte er sich nur schwer anfreunden. Das Nägelbeißen gab er zwar auf, eine gewisse Schmuddeligkeit und Vernachlässigung des Äußeren hingegen war ihm nur schwer abzugewöhnen.

Vor der Hochzeit

Im Jahr 1763 ging der Siebenjährige Krieg zu Ende. Maria Theresia atmete auf. Dass Schlesien endgültig an Preußen fiel, trübte die Erleichterung über den lang ersehnten Frieden. Die kaiserliche Familie sollte aber bald ein noch schwererer Schicksalsschlag treffen: Ende November starb die von allen geliebte und bewunderte Isabella. Das traf auch Leopold hart. Wie sein Bruder Karl hatte auch er heftig für die geistreiche Gemahlin Josephs geschwärmt. Und wie dieser hatte er davon geträumt, auch einmal mit so einer Schönheit verheiratet zu werden.

Die Realität sah für »Poldl« anders aus. Erst 16-jährig, noch mitten in den Flegeljahren, wurde er am 16. Februar 1764 mit der

Gesandte hatten die Braut Leopolds, Ludovica von Spanien, als »rot-haricht« und hässlich beschrieben. Nichts davon traf zu: Sie war blond, von hellem Teint und anmutig. Auch Leopold war zufrieden.

eineinhalb Jahre älteren Ludovica von Spanien vermählt. Per procurationem vorerst, Leopold blieb in Wien, in Madrid vertrat ihn Graf Rosenberg. Die Porträts der jungen Braut, die nach Wien übersandt worden waren, zeigten eine gewisse Ähnlichkeit mit Isabella – aber entsprach das der Wirklichkeit? Leopold war fürs Erste verwirrt.

Um ihn abzulenken, nahm ihn der Kaiser Anfang März nach Frankfurt mit, zur Königskrönung Josephs. Mehr als sein Bruder genoss »Poldl« das pompöse Spektakel, er flirtete mit den jungen Hofdamen, mokierte sich über das schlechte Quartier und listete in seinen Aufzeichnungen minutiös auf, was die kaiserliche Familie an Geschenken erhalten hatte und dass er selbst relativ bescheiden bedacht worden war. In den folgenden Monaten fuhr Leopold mit seinen Eltern nach Pressburg, bereiste danach mit Joseph und Albert von Sachsen-Teschen die oberungarischen Bergbaustädte und später mit Joseph Böhmen. Dass dies die Kronländer waren, die er später einmal als Kaiser regieren würde, konnte er zu diesem Zeitpunkt freilich noch nicht ahnen.

Zurück in Wien zeigte sich bei dem jungen Erzherzog ein Wesenszug, der sich mit den Jahren verstärken sollte: Er war für die Reize junger, hübscher Damen überaus empfänglich. Ende 1764 war es die entzückende Comtesse Josepha von Erdödy, für die er entflammte. Wie immer näherte er sich dem Hoffräulein vorerst scheu und linkisch, seine Verlegenheit verflog aber bald dank ihrer natürlichen und klugen Art. Dass sich das hübsche Paar nahe stand, blieb kein Geheimnis. Joseph versäumte keine Gelegenheit, seinen kleinen Bruder damit »aufzuziehen«, und der Hofklatsch blühte. Bis Maria Theresia der Affäre ein energisches Ende setzte. Sie verfasste eine letzte Beschwerdeliste an Graf Thurn. Und bald verlief Leopolds Lebensweg ohnehin in eine andere Richtung. Im Januar verzichtete Joseph offiziell auf das Großherzogtum Toskana. Danach liefen die Vorbereitungen für die im August geplante Hochzeit Leopolds mit Ludovica an.

Der spanische König hatte ausdrücklich darauf bestanden, dass die Hochzeit nicht in Wien stattfinden solle. Um die enormen Kosten der Anreise der Braut samt Hofstaat in Grenzen zu halten, standen die Städte Graz, Mailand oder Innsbruck zur Diskussion. Kaiser Franz I. sprach sich entschieden gegen Innsbruck aus, er hasste die Berge, fühlte sich durch sie immer eingeengt. Maria Theresia hingegen war für Innsbruck. Und, wie immer, setzte sie sich durch.

Schon im Februar 1765 drehte sich alles nur noch um das Großereignis. Innsbruck wurde auf Hochglanz gebracht. Von Wien liefen schwer beladene Schiffe aus, die über Donau und Inn ihre kostbare Fracht nach Innsbruck bringen sollten. Anfang Juli setzte sich der enorme Hochzeitszug schließlich Richtung Innsbruck in Bewegung. Dort wurde bald gefeiert, was das Zeug hielt. Die Stadt glich einem Ameisenhaufen. Aus nah und fern reisten Menschen an, um die vielen Hoheiten aus nächster Nähe sehen und das große Ereignis miterleben zu können. Der Einzige, der nicht feierte, war Leopold. Er war krank. Und zwar schwer.

Begonnen hatte es mit Durchfall. Während die Ärzte noch der Meinung waren, dies ließe sich mit Kohlepulver und schwarzem

Tee kurieren, verschlechterte sich sein Zustand von Tag zu Tag. Schließlich kam hohes Fieber dazu, in einem Ausmaß, dass schon erwogen wurde, den Erzherzog mit den Sterbesakramenten zu versehen. Er wehrte sich mit aller Kraft dagegen. Und sollte Recht behalten. Bald wirkte ein neues Mittel, ein besonders abscheulich schmeckender chinesischer Tee. Das Fieber sank, der Durchfall legte sich, »Poldl« hatte die Krise überstanden.

Bald fühlte er sich sogar kräftig genug, gemeinsam mit Graf Thurn seiner Braut nach Bozen entgegenzureisen. Seinem Zustand entsprechend wurden kurze Tagesetappen gewählt. Am 1. August standen sich Braut und Bräutigam schließlich zum ersten Mal gegenüber. Es war zwar nicht Liebe auf den ersten Blick, aber beide waren sich einig, dass sie einander akzeptabel fanden. Später, nach dem ersten Zusammentreffen in Innsbruck, gab sich auch Maria Theresia zufrieden. Ihr war die Braut als hässlich, »rot-haricht« und schlecht erzogen beschrieben worden, nichts davon traf zu. Sie war blond, hatte einen schönen, hellen Teint, elegante Bewegungen und geschliffene Manieren.

Der Schicksalsschlag

Am 5. August ging der feierliche Einzug der Braut in die Stadt über die Bühne und danach die Trauung. Leopold stand den ersten Teil der Hochzeit noch durch, dann aber musste er sich zurückziehen, sein Zustand hatte sich wieder verschlechtert. Er konnte weder an den vielen Feiern teilnehmen, die das Volk veranstaltete, noch an dem großen Hochzeitsessen, zu dem der Hof in ganz großer Gala erschienen war. Sogar die Hochzeitsnacht fiel für ihn aus. Aber das war noch nicht das schlimmste Ereignis, das diese Hochzeit überschattete.

Die folgenden Tage verliefen noch als Serie festlicher Veranstaltungen. Bälle, Empfänge, Theateraufführungen und große Diners standen auf dem Programm. Alles überaus prunkvoll und aufwändig, aber alles irgendwie überschattet von Pannen. Ständig ging etwas schief, die große Illumination zum Beispiel ertrank in einem Gewitterregen. Am Abend des 18. August schließlich brach die

Katastrophe über die Familie herein: Kaiser Franz I. war nach dem Besuch eines italienischen Schauspiels im Hoftheater gerade in die Hofburg zurückgekehrt, als er plötzlich zusammenbrach: Herzinfarkt. Die eiligst herbeigerufenen Ärzte konnten nicht mehr helfen. Er starb innerhalb weniger Minuten in den Armen seines ältesten Sohnes Joseph. Dieser unerwartete und überraschende Tod veränderte alles. Die bis dahin so lebenslustige, energische und tatkräftige Maria Theresia verlor ihre gesamte Lebensfreude, sie war eine gebrochene Frau. Als äußeres Zeichen ihres Schmerzes trug sie ab diesem Zeitpunkt nur noch schwarze Witwentracht.

Leopolds Reformen in der Toskana

Zeit und Muße, Instruktionen für ihren Sohn zu verfassen, fand sie trotzdem. Damit ausgestattet, beeilten sich Leopold und Ludovica, nach Florenz zu gelangen, um so bald wie möglich die Regentschaft der Toskana anzutreten. Das, allerdings, war keine einfache Aufgabe.

Das Großherzogtum Toskana und seine Hauptstadt Florenz waren unter der Herrschaft der reichen Bankiersfamilie der Medici ein geistiges und kulturelles Zentrum gewesen, die Wiege der Renaissance. Künstler und Wissenschaftler wie Dante, Michelangelo, Leonardo da Vinci, Donatello oder Botticelli schufen unvergleichliche Werke. Als 1737 Gian Gastone de Medici ohne männlichen Nachkommen starb und damit die Herrschaft der Medici zu Ende ging, folgte ihm Franz Stephan als Großherzog nach. Er besuchte die Toskana im Winter 1739 gemeinsam mit Maria Theresia. Das neue Großherzogpaar wurde mit Pomp und Prunk empfangen und sicher erwartete sich die Bevölkerung Reformen, Unterstützung und Hilfe. Darauf hoffte sie vergeblich. Franz Stephan blieb drei Monate und kehrte nie wieder zurück. Sonst so geschäftstüchtig und mit einem »goldenen Händchen« für alles Lukrative ausgestattet, entwickelte er für sein eigenes Land keine Visionen.

Leopold und seine junge Gemahlin trafen am 13. September 1765 in Florenz ein. Auch sie wurden von der Bevölkerung jubelnd begrüßt. Wieder richteten sich alle Hoffnungen auf das junge Paar. Diesmal wurden sie nicht enttäuscht.

Zur Zeit von Leopolds Amtsantritt war die Toskana ein bitterarmes Land, nahezu Notstandsgebiet. Im Jahr zuvor hatte eine Hungersnot geherrscht, danach war eine Fleckfieberepidemie ausgebrochen. Als Leopold erfuhr, dass adelige und kirchliche Grundeigentümer Getreide gehortet hatten, um den Preis in die Höhe treiben zu können, griff er hart durch. Er erzwang die Herausgabe des Getreides und hob Monopole der Erzeugung von Brot auf. Die Getreidehändler tobten. Aber sie mussten sich fügen. Und hinnehmen, dass es noch dicker kam, denn das war erst der Anfang einer ganzen Reihe von Reformen.

Was Leopold am dringendsten benötigte, war Geld. Schließlich wollte er Straßen bauen, die Sümpfe der Maremma trockenlegen, aus dem Ausland Getreide zukaufen und den Bauernstand fördern. Umso härter traf ihn eine Forderung seines Bruders Joseph. Dieser hatte als Universalerbe seines Vaters dessen ungeheures Vermögen bekommen, 22 Millionen Gulden. Zwei Millionen waren in der »toskanischen Reservekassa« angelegt. Dieses Geld forderte Joseph nun vehement ein, um die Konvertierung der Staatsschuld durchführen zu können. Leopold gelang es, die Summe beträchtlich zu reduzieren, zahlen aber musste er trotzdem. Das vergaß er seinem Bruder nie.

Wie abhängig Leopold von Wien war, musste er immer wieder schmerzlich erkennen. Die Geldforderung seines »despotischen Bruders« war nur der Anfang. Maria Theresia war immer präsent. Sie wünschte über alle seine Schritte unterrichtet zu werden, beklagte sich bitter, wenn er nicht pünktlich Bericht erstattete, und ließ ihn bei jeder Gelegenheit spüren, dass die Belange des Kaiserreiches Vorrang hatten und die Toskana von untergeordnetem Rang war. Mit Kritik sparte sie nie.

Schon sechs Wochen nach Leopolds Eintreffen in Florenz starb Graf von Thurn. Rasch verbreitete sich das Gerücht, die Kränkung über einen tadelnden Brief Maria Theresias habe zu seinem Tod geführt. Leopold teilte diese Ansicht. Er verfiel für Wochen in tiefe Schwermut. In Wien kommentierte man dies damit, er habe einfach Heimweh. Der Schmerz aber saß tiefer.

In der Nachfolge des Grafen von Thurn wurde Graf von Rosenberg Orsini mit der Leitung der Staatsgeschäfte betraut. Gemeinsam mit ihm gelang es Leopold im Laufe der folgenden Jahre, ein großes Reformwerk zu realisieren. Im Gegensatz zu seinem Bruder Joseph, der vieles überhastet und unbedacht anging, schaffte er es besonnen und wohlüberlegt, viele seiner Reformen zu realisieren.

Kindersegen

Dass sich die Ehe mit Ludovica trotz der Startschwierigkeiten gedeihlich entwickelte, beweist die große Kinderschar des Paares. Wie Maria Theresia in Wien schenkte auch Leopolds Gemahlin 16 Kindern das Leben, im Palazzo Pitti kam so gut wie jedes Jahr ein Kind zur Welt. Auf die erste, im Januar 1767 geborene, zu Ehren der Großmutter Marie Therese getaufte Tochter folgte im Februar 1768 der erste Sohn. Die frischgebackene Großmutter war außer sich vor Glück. Wenn es schon Joseph nicht geschafft hatte, einen männlichen Nachkommen zu zeugen, so war dies zumindest Leopold gelungen! Die Erbfolge war gesichert! Die frohe Botschaft wurde der Herrscherin im Theater überbracht. Spontan sprang sie in ihrer Loge auf und rief so laut sie konnte ins Publikum: »Der Poldl hat an Buam!«

Dieser nach seinem Großvater auf den Namen Franz getaufte Sohn durfte sich nur bis zum Jahr 1784 einer unbeschwerten Kindheit erfreuen. Dann zwang Joseph, inzwischen regierender Kaiser, seinen Bruder dazu, ihm den 16-jährigen »Buam« nach Wien zu bringen. Damit begann für den »Kaiserlehrling«, den späteren Kaiser Franz II./I., die harte Schule des Lebens. Seine in Florenz verbliebenen Geschwister hatten es leichter. Sie wurden zwar ebenfalls streng erzogen, ihr an den Wissenschaften, der Technik und der Kunst interessierter Vater öffnete ihnen aber die Augen für die schönen Dinge des Lebens und für modernes Gedankengut.

Aus der Kinderschar, die fröhlich in den Boboli-Gärten herumtollte, entwickelten sich Persönlichkeiten, auf die ihr Vater stolz sein konnte. Der zweitgeborene Sohn, Ferdinand, folgte Leopold als Großherzog der Toskana nach. Josef wurde Palatin von Un-

Leopold und Ludovica mit ihrer großen Kinderschar: Wie Maria Theresia brachte Ludovica 16 Kinder zur Welt.

garn und begründete die ungarische Linie des Hauses Habsburg. Karl, später von Albert von Sachsen-Teschen und »Mimi« adoptiert, wurde zu einem der größten Feldherrn, er besiegte Napoleon bei Aspern. Und Johann, der spätere »Steirische Prinz«, gewann die Herzen des Volkes durch umsichtige Reformen, wirtschaftliche Neuerungen und seine unerschütterliche Liebe zur Postmeisterstochter Anna Plochl.

Das Jahr 1768 bescherte dem Großherzogpaar eine heikle Mission. Leopolds Schwester Maria Karolina war per procurationem in Wien mit Ludovicas Bruder, dem als ungehobelt und schwierig geltenden König Ferdinand von Neapel, verheiratet worden. Nun galt es, sie nach Neapel zu begleiten und dafür zu sorgen, dass sie nicht in Panik Reißaus nahm. Die Reise erwies sich als überaus zermürbend. Nicht nur, dass Ludovica, abermals guter Hoffnung, in Neapel eine Fehlgeburt erlitt, fühlte sich Leopold durch seinen Schwager zunehmend genervt. Dieser liebte es nämlich, seine

Späßchen zu treiben, den Großherzog überraschend ins Bein zu zwicken oder sich hinter Türen zu verstecken und ihn mit lautem Buh! zu erschrecken. Zunehmend belastend erwies sich auch, dass die notleidende, von ihrem König vernachlässigte Bevölkerung Neapels Leopold immer wieder um Hilfe anflehte. Er solle ihnen Brot verschaffen wie den Florentinern, baten sie. Leopold aber war hilflos. Und nach sechs Wochen Aufenthalt in Neapel so geschafft, dass er einen Erholungsurlaub in seinem Landhaus »La Petraia« brauchte.

Die Toskana, ein moderner Staat

1770 kehrte Graf Rosenberg-Orsini nach Wien zurück, damit endeten die »Lehrjahre« Leopolds. Ab nun setzte er sein Reformwerk alleine durch. Nach und nach gelang es ihm, aus der Toskana den modernsten Staat Europas zu machen, einen Musterstaat der Aufklärung. Zu den wichtigsten Neuerungen zählten im Laufe der folgenden Jahre außer dem Bau eines guten Straßennetzes unter anderem die Einführung der Gewerbefreiheit, die Reform des Polizei- und Sanitätswesens und die Rationalisierung der Verwaltung. Später setzte er in der Justiz neue, ganz der Philosophie der Aufklärung entsprechende Maßstäbe. Sein Strafgesetzbuch »Constitutio criminalis Leopoldina«, mit dem er Todesstrafe und Folter abschaffte, galt als großer Schritt in Richtung einer modernen, humanen Rechtsprechung.

In der Kirchenpolitik versuchte Leopold, eine vom Papst relativ unabhängige Landeskirche einzurichten. Dieser Plan scheiterte am Einspruch der Kurie. Weitaus erfolgreicher war der gläubige Aufklärer dabei, Schritt für Schritt religiöse Aktivitäten von ihrem bombastischen Gepränge zu befreien und den schon ins Unerträgliche gesteigerten Heiligenkult einzudämmen. Wie Joseph hob er alle Klöster auf, die keine karitativen Aufgaben erfüllten und ihren Insassen lediglich ein beschauliches Leben ermöglichten. Von den 321 Mönchsklöstern der Toskana wurden 130 geschlossen, rund 2000 Mönche kehrten ins weltliche Leben zurück.

Maria Theresia verfolgte von Wien aus jeden Schritt des Großherzogpaares. Albert von Sachsen-Teschen, der gemeinsam mit »Mimi« 1776 mehrere Wochen in Florenz verbrachte, lieferte ihr ausführliche Informationen. »Der Großherzog erfreut sich blühender Gesundheit und ist voll Fröhlichkeit«, notierte er. »Die Anfälle von Hypochondrie (Schwermut), denen man ihn unterworfen glaubte, scheinen nicht so häufig wiederzukehren. Seine Tätigkeit ist geteilt zwischen der Verwaltung des Landes und der Erziehung seiner Kinder. Er arbeitet den größten Teil des Tages. Die Arbeit ist seine Unterhaltung… man ist überrascht von der Fülle seiner Kenntnisse in Physik, Naturgeschichte und Landwirtschaft, er hegt große Sorgfalt für die Hebung des Ackerbaues, der Industrie und des Handels…« Über Ludovica wusste er zu melden: »Die Großherzogin, seine Frau, verdient das Vertrauen, das er ihr erweist, sie lebt nur für ihn und hat keinen anderen Ehrgeiz, als seine Liebe zu erhalten und zur guten Erziehung der Kinder beizutragen. Die vielen Geburten haben sie sehr abgemagert, von dem Glanz der Schönheit, den sie in ihrer Jugend besaß, ist wenig mehr zu bemerken…«[3]

Düsternis am Wiener Hof

Als Joseph, ganz begeisterter Militär, im Sommer 1778 im Zuge des Bayerischen Erbfolgekrieges selbst ins Feld zog, nützte Maria Theresia seine Abwesenheit aus Wien, um »Poldl« zu sich zu bitten. Der Sohn, der alles Militärische und Soldatische abgrundtief hasste, reiste nach Wien. Mit den von seiner Mutter erhofften Ratschlägen zu diversen Regierungsfragen aber hielt er sich zurück – zu genau kannte er die Eifersucht seines Bruders. Bei diesem Besuch registrierte Leopold besorgt die negative Stimmung am Wiener Hof. Seine Aufzeichnungen, teilweise sogar in einer Art geheimer Stenografie, zeichnen ein düsteres Bild. Die Hofburg, die er als lustig und fröhlich in Erinnerung hatte, in der früher unentwegt gelacht, getanzt und gefeiert wurde, wirkte jetzt trostlos und leer. Maria Theresia in schwarzer Witwentracht, alt, krank und behäbig, war nur noch von wenigen Getreuen umgeben, keine Spur von Herzlichkeit zu den verbliebenen Töchtern Marianne und »Liesl«, stattdessen Maßregelungen, Zurechtweisungen und Zank.

Mutter und Sohn sahen einander bei diesem Besuch Leopolds zum letzten Mal. Wie sehr Maria Theresia ihren »Poldl« geliebt haben muss, beweist der Brief, den sie ihm im November 1780, kurz vor ihrem Tod, schrieb. Die letzten Zeilen, die sie in ihrem Leben verfasste, waren an ihn und seine Familie gerichtet: »Meine teuren innigst geliebten Kinder. Ich bin untröstlich wegen des Curiers, den man Euch gestern schicken mußte, ... Ihr könnt Euch denken, wie unruhig ich bin, es ist mein Trost, daß Ihr rechtschaffene Christenmenschen seid, die den Frieden in sich selbst finden. Gott sei mit Euch, ich gebe Euch beiden und Euren lieben zehn Kindern meinen Segen. Maria Theresia.«[4]

Nach dem Tod Maria Theresias intensivierten sich die Beziehungen zwischen Joseph und Leopold, ihre Briefe wurden herzlicher, wärmer, offener. Und doch spürte Leopold auch später immer wieder eine gewisse Eifersucht. Als er seinen Sohn Franz 1784 nach Wien brachte, fühlte er sich bespitzelt und belauscht, fürchtete, dass die Umgebung des Kaisers jederzeit bereit sei, Intrigen gegen ihn zu spinnen. Den despotischen Regierungsstil seines Bruders verabscheute der Großherzog, der seine Aufgabe darin sah, dem Staat zu dienen, statt ihn absolutistisch zu beherrschen, zutiefst. Er kehrte gerne nach Florenz zurück. Wien und die Umgebung Josephs mied er fortan. Er weigerte sich sogar, in die Haupt- und Residenzstadt zu reisen, als ihn Joseph, bereits todkrank, darum bat.

Liaison amoureuse

In Florenz hielt ihn freilich auch noch etwas anderes. Leopold, 40 Jahre alt, in der Blüte seiner Jahre und zu diesem Zeitpunkt bereits 15-facher Vater, war verliebt. Die Romanze hatte im Jahr 1786 in Pisa begonnen. Dort war die junge und hübsche Tänzerin Livia Raimondi von Studenten heftig ausgepfiffen worden. Empört über den Vorfall, suchte sie beim Großherzog um Audienz an und bat um seinen Schutz. »Poldl«, der schönen Damen gegenüber

Joseph (rechts) und Leopold (links) waren zwei Brüder von höchst unterschiedlichem Naturell: Von Kindesbeinen an herrschte zwischen ihnen Rivalität, die sich erst nach dem Tod Maria Theresias milderte.

immer ein großes Herz bewies, zeigte größtes Mitgefühl mit der verkannten Künstlerin. Dass ihr Talent für das Tanzen nicht allzu groß war, störte ihn nicht. Er schloss sie in seine Arme und in sein Herz.

In Florenz richtete der Großherzog für seine Geliebte an der Piazza San Marco ein kleines Palais ein. Ganz der Ordnung liebende Staatsmann, führte er eine exakte Inventarliste und verabsäumte es auch nicht, die Wohnräume mit einem Bild der großherzoglichen Familie zu schmücken. Ludovica blieb diese Beziehung nicht verborgen. Und nicht nur das. Vieles spricht dafür, dass sie darüber nicht unglücklich war. Sie hatte im Januar 1788 ihr 16. Kind zur Welt gebracht, laborierte zunehmend an einer Lungenkrankheit und dürfte aufgeatmet haben, dass ihr eine Jüngere einen Teil ihrer ehelichen Pflichten abnahm. Berichten zufolge nahm sie Livia als Freundin der Familie auf, lud sie in den Palazzo Pitti und verbrachte mit ihr Plauderstunden bei Handarbeiten.

Gesprächsstoff gab es genug, denn bald kündigte sich auch im Hause Raimondi Kindersegen an. Dem verliebten Paar wurde ein Sohn geboren, Luigi. Er studierte später unter dem Namen Ludwig von Grün in Wien, wurde Hofkammerbeamter und starb in sehr jungen Jahren an Lungenschwindsucht.

Kaiser Leopold II.

Ende der 1780er-Jahre zeichnete sich für Leopold immer deutlicher ab, dass sich seine glücklichen Jahre in der Toskana dem Ende zuneigten. Politisch standen die Zeichen auf Sturm. 1789 brach in Frankreich die Revolution aus. In den Kronländern gärte und brodelte es. Josephs radikale Reformen führten vor allem in den Niederlanden und in Ungarn zu heftigem Protest. Mit Preußen und Polen drohte Krieg. Der Kaiser selbst war todkrank aus dem Türkenkrieg nach Wien zurückgekehrt.

Anfang Februar 1790 ahnte Joseph, dass seine Tage gezählt waren. Er beschwor seinen Bruder in einem letzten Brief, so schnell wie möglich an seine Seite zu kommen. Er könne nicht zufrieden sterben, wenn er den Staat ohne Oberhaupt wüsste. Leopold ließ sich Zeit. Nicht, weil er Joseph die Bitte, ihn ein letztes Mal zu sehen, abschlagen wollte. Er rechnete damit, sein Bruder hätte noch längere Lebenszeit vor sich. Die Vorstellung, er müsse mit und neben seinem Bruder regieren, war ihm unerträglich. Und dann kam alles anders. Joseph starb früher als erwartet, am 20. Februar. Jetzt musste alles sehr schnell gehen. Leopold hatte die Toskana zu verlassen. Er traf am 12. März in Wien ein. Sowohl Ludovica als auch Livia Raimondi folgten ihm.

Unvorbereitet freilich trafen die Ereignisse Leopold nicht. Umsichtig und klug vorausschauend hatte er sich schon lange Gedanken für den Fall der Fälle gemacht. Tatsächlich gelang es ihm, als

Wie als Großherzog der Toskana war Leopold als Kaiser ein weiser, vorausschauender und erfolgreicher Herrscher. Doch seine Regentschaft währte kaum zwei Jahre – er starb aus bis heute ungeklärter Ursache völlig unerwartet im Februar 1792.

Nachfolger Josephs sein Programm rasch durchzuziehen. Er arbeitete 17 Stunden täglich, bis tief in die Nacht hinein, nach eigenen Worten wie ein Tier, »come una bestia«. Innerhalb weniger Wochen lagen die positiven Ergebnisse auf dem Tisch: der Krieg mit Preußen abgewendet, der belgische und der ungarische Aufstand verebbt, Waffenstillstand mit den Türken, der Adel in Böhmen und die Kirche durch Rücknahmen drastischer Reformen beruhigt.

Leopold wurde am 9. Oktober 1790 in Frankfurt zum Kaiser, am 15. November 1790 in Pressburg zum ungarischen und am 6. September 1791 zum böhmischen König gekrönt. Er ging als »Friedensfürst«, »Hirtenkönig« und »Leopold der Weise« in die Geschichte ein. Über seinen Tod allerdings herrschte lange Zeit Rätselraten.

Leopold hatte sich während seines einmonatigen Aufenthalts zur Königskrönung in Böhmen eine Magen-Darm-Verstimmung zugezogen, an der er lange laborierte. Ende Februar 1792 war er wiederhergestellt. Umso erstaunlicher war, dass er am Morgen des 28. Februar nach einem Spazierritt plötzlich über heftige Schmerzen in der Brust klagte. Der eiligst herbeigerufene Arzt vermutete einen Rheumaanfall, verordnete Bettruhe und warme Getränke und ließ den Patienten viermal zur Ader. Zwei Tage später schien die Besserung nahe. Am Nachmittag erwachte Leopold jedoch aus einem kurzen Schlaf, erbrach sich heftig und starb in den Armen von Ludovica. So überraschend, dass er nicht einmal mit den Sterbesakramenten versehen werden konnte.

Als Todesursache wurde offiziell Oberlappenpneumonie, Lungenentzündung, angegeben, und eitrige Pleuritis, Rippenfellentzündung. Der Verdacht, Leopold sei einem Giftanschlag zum Opfer gefallen, hielt sich aber lange. Waren es Freimaurer, Jesuiten oder französische Emissäre, die für seinen Tod verantwortlich waren? Oder gar selbstverfertigte Aphrodisiaka? Möglich schien alles. Dass dem »milden Kaiser« schöne Damen am Herzen lagen, bewiesen schließlich auch ganze Bündel von Liebesbriefen an hübsche Wienerinnen und Ungarinnen, die in seinem Nachlass auftauchten.

10. KAPITEL

Am Tag ihrer Geburt in die ewige Glückseligkeit abgefordert

MARIA KAROLINA (1748–1748)

Zu Beginn des Jahres 1748 glichen die Kindskammern im Leopoldinischen Trakt der Hofburg bereits einem Bienenstock. Betreut von einem ganzen Heer von Ammen und Pflegerinnen, Erziehern, Ajos und Ajas erfüllten in diesem Frühjahr sieben Kinder mit Lachen und Weinen die alten Mauern mit Leben, vier Mädchen und drei Buben. Sie alle durften sich auf ein weiteres Geschwisterchen freuen, Maria Theresia war zum zehnten Mal guter Hoffnung.

Wie bei allen vorhergehenden Schwangerschaften ließ sich Maria Theresia auch diesmal nicht von ihren Staatsgeschäften abhalten. Sie stand jeden Tag um halb sechs Uhr früh auf und begann nach der Messe, um halb acht Uhr, mit der Arbeit. Bis zwölf Uhr las sie Akten in den Amtssprachen ihrer Länder oder ließ sich diese vorlesen, dann empfing sie ihre Kabinettssekretäre und Minister und ließ sich über die anstehenden Themen informieren. Dass sie stets, sommers und winters, bei offenem Fenster arbeitete, störte ihre Mitarbeiter anfangs zwar, sie hatten sich aber daran zu gewöhnen. Wenn Schneeflocken über die Akten stoben oder ein Minister zähneklappernd vor ihr stand, erheiterte das die Monarchin.

Das Jahr 1748 bedeutete für Maria Theresia keine Zeit, in der sie sich bequem zurücklehnen hätte können. Ende Januar war mit dem offiziellen Beschluss des Kronrates ein umfassendes Reformprogramm angelaufen, das unter anderem Steuerreformen, die Umstrukturierung der Zentralbehörden und den neuen Aufbau der Verwaltung vorsah. Außenpolitisch ließ die Eröffnung des Kongresses von Aachen im Frühjahr 1748 auf das Ende des Österreichischen Erbfolgekrieges hoffen. Von nun an gaben sich Gesandte und Botschafter in der Hofburg und in Schönbrunn die Klinken in die Hand. Maria Theresia hatte ihre Berichte anzuhören, Anweisungen für die Verhandlungstaktik zu geben, Entscheidungen zu fällen. All das fiel ihr zunehmend schwer. Vor ihrer zehnten Entbindung bekannte die mittlerweile 31-Jährige: »... wenn der liebe Gott mir die Kinder, welche ich habe, erhalten möchte, wäre ich recht zufrieden, mit zehn Schluß zu machen; denn ich fühle, daß es mich schwächt und recht altern läßt und für alle Kopfarbeit wenig fähig macht.«[1]

Wie ausgefüllt der Terminkalender Maria Theresias sogar unmittelbar vor einer Entbindung war, zeigen ihre im Wienerischen Diarium erwähnten Aktivitäten vom Montag, dem 16. September. Demnach verfügte sie sich am Vormittag von Schönbrunn in die Hofburg und erteilte dem Türkischen Abgesandten Chaddi Mustafa Efendi die öffentliche Abschieds-Audienz. Danach brach sie mit ihrem erst von seiner Reise nach Böhmen in die Hofburg zurückgekehrten Gemahl und dessen Bruder Karl nach Schönbrunn auf. Nachmittags besuchten die Hoheiten die Kaiserin-Mutter in Hetzendorf und abends, nach fünf Uhr, verfügten sie sich »herein in die Stadt«, ins Theater nahe der Hofburg zu einer italienischen Oper. Dienstag Früh wohnten alle dem Gottesdienst in der Schlosskapelle Schönbrunn bei, danach standen Konferenzen über Rückführung und Überwinterung von Truppen auf dem Programm. Abends zwischen sieben und acht Uhr wurde Maria Theresia von einer kleinen Erzherzogin entbunden.

In aller Eile getauft

Doch das Kind überlebte nicht. Maria Theresia überstand die Entbindung zwar, nicht aber das Neugeborene. Es wurde laut Wienerischem Diarium zum »Leid-Wesen denen Allerdurchlauchtigsten Eltern ... in die ewige Glückseligkeit anwiederum abgefordert ...«[2]

Noch während der Entbindung hatte sich in den Gemächern der Gebärenden Entsetzen verbreitet. Das Neugeborene, das mit den Füßen voraus zur Welt gekommen war, schien äußerst schwach. In aller Eile führte die Hebamme die Nottaufe durch. War die Taufe aber noch rechtzeitig erfolgt? Oder war das Kind womöglich schon davor verstorben? Letzteres hätte für Maria Theresia die allerschlimmste aller Katastrophen bedeutet. Um zu verhindern, dass sie in lautes Schreien und Wehklagen ausbrach, setzte Franz Stephan alles daran, sie davon zu überzeugen, dass das Kind die für seine kleine Seele rettenden Sakramente noch rechtzeitig erhalten hatte.

Die kleine Maria Karolina wurde in Schönbrunn in den ursprünglich ihr zugedachten Räumlichkeiten aufgebahrt. Am nächsten Tag wurde sie in die Hofburg und dann, abends und inkognito, zu den Kapuzinern gebracht, wo sie »mit kleinem Gepränge beygesetzt« wurde.

Maria Theresia erholte sich nur schwer von diesem Unglück. Und wenige Wochen später traf sie der nächste Schlag: Die Friedensverhandlungen von Aachen waren zu Ende. Schlesien musste endgültig an Preußen abgetreten werden. »Ohne Schlesien ist die Krone Österreichs kaum wert, daß man sie trägt«, klagte die Monarchin.[3]

11. KAPITEL

Isabellas „kleiner Engel"

JOHANNA GABRIELA (1750–1762)

Die ersten, klirrend kalten Februartage des Jahres 1750 verliefen am Wiener Hof turbulent. Laut Wienerischem Diarium jagte ein glanzvolles Ereignis das andere. Da gab es eine große Geburtstags-Gala für Erzherzog Karl, »so das fünfte Jahr glücklich zurückgeleget«, Toison-Vesper in der Hofkapelle mit den Rittern des Goldenen Vlieses, feierliche Kerzenweihe in der Augustinerkirche, »verkleidete Bälle« für die Jugend und Masken- und Faschingsbälle für die Erwachsenen. Maria Theresia beteiligte sich an allen Unterhaltungen, obwohl sie ihrer elften Niederkunft entgegensah. Je näher der Termin rückte, desto banger wurde ihr. Noch war der Schock über die bei der Geburt verstorbene Maria Karolina nicht überwunden. Würde sie jemals wieder ein gesundes Kind zur Welt bringen? Jetzt konnte nur der Allmächtige helfen. Maria Theresia betete viel – und wurde erhört. Am 4. Februar wurde sie von einem gesunden und hübschen Mädchen entbunden.

Die überglückliche Mutter ließ Dankesmessen lesen, die Faschingsbälle gingen nahtlos in drei Tage Gala und feierliche Diners über, die Straßen Wiens waren festlich illuminiert. Die neu geborene Erzherzogin wurde auf die Namen Johanna Gabriela Josepha Antonia getauft. Und seine Majestät der Kaiser zog aus »angeborener Milde die schon etliche Wochen anhaltende sehr rauhe Winters-Zeit in allergnädigste Erwägung« und spendierte der frierenden Bevölkerung 500 Klafter Holz.[1]

Zwei unzertrennliche Schwestern

Die kleine Johanna Gabriela, die bei Hof »Hannerl« gerufen wurde, bekam nach knapp mehr als einem Jahr eine kleine Schwester, Maria Josepha, »Sepherl« genannt. Da sich die beiden Mädchen vom Alter her sehr nahe standen, wurden sie gemeinsam erzogen. Sie fühlten sich von Anfang an eng miteinander verbunden und bildeten innerhalb der auch in den folgenden Jahren noch wachsenden Kinderschar eine kleine Gruppe für sich. Im Jahre 1756 beauftragte Maria Theresia die warmherzige und erfahrene, damals 42-jährige Gräfin Lerchenfeld mit ihrer Erziehung.

Aus den im November 1756 für Gräfin Lerchenfeld verfassten Instruktionen Maria Theresias geht hervor, dass sie auch bei diesen beiden Mädchen nichts dem Zufall überlassen wollte. Auf die Gesundheit sei genau zu achten, schärfte sie der Aja ein, bei der geringsten Auffälligkeit sei van Swieten zu benachrichtigen. Auch die Sauberkeit sei genau zu beobachten, Waschen und Kämmen habe jeden Tag zu erfolgen. Die religiösen Pflichten mit Beichte und Kommunion seien mit gebührendem Respekt zu absolvieren. Und auch auf den richtigen Umgang sei zu achten, mit keinem »Thürhüter« oder »Kammerheizer« seien »Discurse« zu gestatten. Gehorsam sei oberste Pflicht. Denn Maria Theresia fürchtete, Johanna sei ein Dickkopf, wenn auch ein kluger, und Eigenwilligkeit sei nicht zu dulden.

Beim Thema Unterhaltung erlaubte die Monarchin, die selbst Nächte am Spieltisch verbringen konnte, aus Herzenslust tanzte und Vergnügungen jeder Art über alles liebte, Spielraum: »Ausgehen, Spielen, mit Karten, mit großen oder kleinen Damen, Schauspiel, alles ist mir recht, was sie für gut finden wird, zu den Geschwistern gehen, bei ihr Leute sehen, Alles ist erlaubt und wird von ihr dependiren…« Ein wichtiger Punkt war das Thema Ernährung. »Ich verlange, daß sie von allem essen sollen, und keine Ausstellungen oder Aussuchung im Essen machen… Fische essen selbe alle Freitage, Samstage und alle anderen Fasttage. Obwohl die Johanna besonders einen Ekel für selbe bezeigt, so wäre es ihr nicht angehen zu lassen…«[2] Alle ihre Kinder hätten eine Aversion gegen Fisch und alle hätten diese überwinden müssen, statuierte sie mit mütterlicher Strenge.

Johanna Gabriela war kein langes Leben beschieden. Wie etliche ihrer Geschwister erkrankte sie an den Pocken – und starb daran zwölfjährig unmittelbar vor Weihnachten 1762.

Fisch war bei »Hannerl« ein wunder Punkt. Sie hasste ihn, vertrug ihn schlecht und erbrach sogar mehrmals, wenn sie allzu sehr gezwungen wurde, eine Fischspeise hinunterzuwürgen. Van Swieten fand einen Ausweg. Er unternahm mit »Hannerl« eine Exkursion zu einer Forellenzucht, zeigte dem staunenden kleinen Mädchen das klare, saubere Wasser, in dem die Fische schwammen, und ließ sie ein anderes Mal in der Hofküche dabei zuschauen, wie die Köche die Gräten aus den Fischen entfernten und den Geschmack mit Zitrone und Kräutern verfeinerten. Der schlaue Hofarzt kam mit seiner Methode durch. Es dauerte zwar noch eine Weile, aber dann überwand »Hannerl« ihre panische Angst vor Gräten und ihre Abscheu vor Fisch. Sie konnte an der kaiserlichen Tafel Fisch essen und verblüffte ihre Eltern durch ihre auf anatomischen Kenntnissen beruhende Geschicklichkeit beim Tranchieren.

Die beiden Erzherzoginnen wurden schon früh in ein strenges Lernprogramm eingebunden. Um halb acht Uhr hieß es jeden Tag Aufstehen, dann stand Unterricht in Schreiben, Lesen und Französisch auf dem Programm, dreimal die Woche gab es jeweils einstündige Lektionen in Religion, Geografie und Tanz. Als »Freizeit«, die zum Spielen, für Visiten, Spaziergänge, Ausfahrten oder Proben für Theateraufführungen genutzt werden durfte, galten die Stunden nach dem Mittag- und vor dem Abendessen. Bettruhe war zwischen 21 und 22 Uhr – nach dem Abendgebet selbstverständlich.

Zu einem unvergesslichen Erlebnis wurde auch für die beiden Prinzessinnen der Einzug von Josephs Braut Isabella von Parma in Wien. Wochenlang hatten die fieberhaften Vorbereitungen gedauert. Am 6. Oktober 1760, endlich, durften sie mit klopfendem Herzen und glänzenden Augen beobachten, wie sich der Prunkzug in seiner ganzen Farbenpracht Wien näherte, wie die schöne Isabella in ihrer mit himmelblauem Samt ausgeschlagenen Karosse langsam in die Stadt einfuhr und wie sie dann in ihrem nahezu überirdisch schönen Brautkleid mit der langen Schleppe in der von Hunderten Kerzen erleuchteten Augustinerkirche zum Traualtar schritt. Was in diesem Moment wohl in »Hannerls« kleinem Köpfchen vorging? Ob sie auch von einer Hochzeit dieser Art träumte?

Es dauerte nur wenige Wochen und Isabella war der absolute Star der Wiener Hofburg. Vom Kaiser angefangen, schwärmte die gesamte Familie für die geistreiche, extravagante und ein wenig exaltierte Schönheit. Auch die zehnjährige »Hannerl« war restlos fasziniert von ihrer jungen Schwägerin, sie betete sie regelrecht an. Ihre Zuneigung blieb nicht unerwidert. Isabella schloss »Hannerl« in ihr Herz, sie spendete ihr Trost, als im Januar 1761 ihr Bruder Karl von den Pocken dahingerafft wurde und die Hofburg in Hoftrauer versank. Als Johanna Gabriela für ihre Erstkommunion am 1. März eine Patin wählen durfte, entschied sie sich spontan für Isabella. Und war stolz und glücklich, als diese zusagte und ihre »Godl« wurde.

Ein tragischer Tod: Johanna erliegt den Pocken

Im Mai 1762 gab es erste Überlegungen Maria Theresias über eine spätere Verheiratung ihrer beiden Töchter Johanna und Josepha. Der spanische Gesandte Mahoni hatte versucht, die Lage für König Karl III. zu sondieren. Eine Doppelheirat ihrer beider Töchter mit zwei spanischen Prinzen, darunter Ferdinand IV. von Neapel-Sizilien, würde die beiden Häuser für immer aufs Innigste verbinden. In einem Brief an Staatskanzler Kaunitz berichtete die Monarchin von diesem Vorschlag und dass sie abgelehnt hätte, nicht zuletzt, weil die beiden Prinzen noch zu jung waren. Und schließlich: »... seien wir nicht gewohnt, unsere Töchter anzubieten ...«[3]

Weitere Heiratspläne verhinderte das Schicksal. Anfang Dezember fand Gräfin Lerchenfeld »Hannerl« abgeschlagen und appetitlos vor ihrem vollen Teller sitzen. Das Kind klagte über heftige Kopf- und Gliederschmerzen. Der in aller Eile herbeigerufene Arzt van Swieten konstatierte hohes Fieber, ordnete sofort Isolierung der Kranken an und untersagte, dass Josepha weiterhin das Zimmer mit ihr teilte. Am nächsten Tag zeigten sich an den Innenseiten der Arme und nach und nach im Gesicht und am ganzen Körper hellrote Flecken. Bald wurde es schreckliche Gewissheit: »Hannerl« hatte die Pocken.

Marianne und Joseph, die beide die Krankheit überstanden hatten, durften zu ihrer schwerkranken Schwester. Isabella hingegen wurde es streng verwehrt. Sie litt darunter, ihre kleine, zärtlich geliebte Schwägerin nicht besuchen und trösten zu dürfen. Sie wartete ungeduldig auf Nachrichten, die ihr Hofdamen brachten, schöpfte Hoffnung, wenn Besserung eintrat, und erschrak zutiefst, wenn das Fieber stieg. Die sensible, für Todessehnsucht und Vorahnungen immer offene Isabella spürte, dass das Unheil immer engere Kreise zog. Erst war ihre Mutter von den Pocken hinweggerafft worden, dann ihr geliebter Schwager Karl, jetzt litt dieses unschuldige Kind, ihr kleiner Engel Johanna. Sie führte genaue Aufzeichnungen über den Krankheitsverlauf und notierte, der Tod sei nichts. Sie wünschte, sie wäre an ihrer Stelle.

»Hannerl« kämpfte bis knapp vor Weihnachten mit aller Kraft

gegen die heimtückische Krankheit. Zwei Tage vor dem Heiligen Abend verschlechterte sich ihr Zustand so sehr, dass sie die Sterbesakramente erhielt. Am 23. Dezember 1762 starb sie. Die kaiserliche Familie, die zum Schutz vor der Ansteckungsgefahr in separierten Zimmern untergebracht war, erlebte ein in Tränen und Trauer ersticktes Weihnachtsfest.

12. KAPITEL

Durch die Pocken vor schwerem Schicksal bewahrt

MARIA JOSEPHA (1751–1767)

Mitte März 1751 erlebte Wien kalte, unfreundliche Vorfrühlingstage. Ein heftiger Sturm brauste durch das Donautal und fachte einen Brand in Korneuburg zu einer riesigen Feuersbrunst an, 24 Häuser fielen in Schutt und Asche. Der Kaiser, häufig bei der Schnepfenjagd in Großenzersdorf und Stammersdorf, kehrte abends jeweils in die Stadt zurück, schließlich stand wieder eine Niederkunft bevor. Am 19. März wurde in der Hofburg große Gala zum Fest des heiligen Joseph gehalten, dem Namenstag des Thronfolgers. An diesem Tag brachte Maria Theresia ihr zwölftes Kind zur Welt. Es war wieder einmal ein Mädchen, drei Kanonensalven mussten genügen.

Die Taufe in der durch unzählige Kerzen erleuchteten Ritterstube der Hofburg geriet auch diesmal zu einem ergreifenden, feierlichen Akt. Schicksalhafte Fügung oder Zufall: Als Taufpaten fungierten der König und die Königin von Spanien, vertreten allerdings durch Prinz von Hildburghausen und Prinzessin Charlotte von Lothringen. Und weil das kleine Mädchen das Licht der Welt am »Josefitag« erblickt hatte, wurde es auf die Namen Maria Josepha Gabriela Johanna Antonia Anna getauft.

Josephas Kinderjahre

»Sepherl«, wie das kleine Mädchen später liebevoll gerufen wurde, verbrachte ihre Kinderjahre zusammen mit »Hannerl«. Die beiden kleinen Mädchen standen sich altersmäßig sehr nah, sie waren eng miteinander verbunden, fast wie Zwillinge. Zu ihrer Aja wurde

Alle Kinder Maria Theresias lernten – neben vielem anderen – auch ein Musikinstrument spielen, hier Maria Josepha am Spinett.

Gräfin Lerchenfeld ernannt, und auch der Unterricht erfolgte gemeinsam. Umso härter traf es Josepha, dass ihre Schwester zu Weihnachten 1762 an den Pocken starb. Sie war untröstlich, weinte Tage und Nächte durch. Schließlich ordnete Maria Theresia, die vor Kummer selbst ganz krank war und der van Swieten sogar ein Beruhigungspulver mischen ließ, damit sie wenigstens nachts zur Ruhe fand, tägliche Ausfahrten für die kleineren Kinder an. So sollten sie wenigstens für wenige Stunden der bedrückenden Atmosphäre der Hofburg mit den vielen schwarz gekleideten Bediensteten entkommen. Dennoch dauerte es Monate, bis das Leben bei Hof wieder zu seinem alten Rhythmus fand.

Im Sommer 1763 erteilte Maria Theresia Gräfin Lerchenfeld neue Instruktionen für »Sepherls« Erziehung. Die nun Zwölfjährige musste um eine halbe Stunde früher aufstehen und ihr Stundenplan wurde erweitert. Als neue Fremdsprache kam Italienisch dazu, und wenige Wochen später auch Spanisch. Das allerdings unter dem Siegel der Verschwiegenheit und vermutlich auf eine vorerst noch geheime Absprache hin, die Maria Theresia mit dem spanischen König Karl III. getroffen hatte. Im Oktober 1763 wurde das Geheimnis dann gelüftet: Maria Josepha sollte Ferdinand von Neapel-Sizilien heiraten, den spanischen Infanten. Dass dies keine leichte Aufgabe war und dass sie ihrer Tochter ein schweres Schicksal aufbürdete, war Maria Theresia von Anfang an klar. Die Politik aber hatte Vorrang.

Hochzeitspläne mit Franz Ferdinand von Neapel-Sizilien

Über den jungen König hatte Maria Theresia in Wien so gut wie nichts Positives in Erfahrung gebracht. Wie sie Gräfin Lerchenfeld anvertraute, hatte sie erfahren, dass er sich außer für Jagden und Theater für überhaupt nichts interessierte, dass er noch furchtbar kindisch war, nichts lernte und nichts konnte als das miserable Italienisch des Landes und überdies bedenkliche Beispiele von Härte und Strenge gegeben hatte. Umso wichtiger sei es, Josepha die Tugenden einzuprägen, die sie für diesen Hof brauche. Noch größeres Gewicht als bisher sollte auf Gebete, religiöse Übungen und den Geist der wahren Frömmigkeit gelegt werden, denn dort, in dieser fremden Welt, werde sie keinen anderen Trost haben als das Gebet. Also hieß es schon jetzt täglich in der Kammer Rosenkranz beten, und zwar laut.

An Gräfin Lerchenfeld schrieb Maria Theresia: »Ich kann Euch nicht verhehlen, daß ich zwar die Vorteile dieser Verbindung einsehe, aber das Herz der Mutter ist doch aufs stärkste beunruhigt. Ich muß die arme Josepha als ein Opfer der Politik betrachten …«[1]

In ihren Anweisungen verzichtete Maria Theresia dennoch nicht darauf, die negativen Charaktereigenschaften ihrer Tochter herauszustreichen: »Ich sollte sie noch auf einen Punkt hinweisen, der mir überaus mißfällt: Sie hat für nichts Ausdauer. Sie möchte nur immer von einem Zimmer ins andere laufen und nichts fertigbringen. Das ist eine schreckliche Zukunftsaussicht. Die Untätigkeit ist Gift für alle Menschen, aber noch mehr für Jungverheiratete. Sie ist sehr neugierig; das ist ein anderer Punkt, der mich zittern läßt. Sie ist schrecklich boshaft und rauh mit Leuten ...«[2]

Zu dem Zeitpunkt, als ihr Schicksal besiegelt wurde, war Maria Josepha zwölfeinhalb Jahre alt. Jetzt war Eile geboten. Ferdinand von Neapel würde am 12. Januar 1767 seinen 16. Geburtstag feiern, damit Großjährigkeit erlangen und als König von Neapel-Sizilien den Thron besteigen. Die Hochzeit sollte im Oktober 1767 stattfinden. Dann würde Josepha Königin von Neapel werden. Bis dahin galt es, sie zu einer »liebenswerten und anziehenden« Persönlichkeit zu erziehen, wie ihre Mutter anordnete. Und ihre Fehler weitgehend auszumerzen.

Ob Josepha mit dieser Hochzeit einverstanden war, fragte sie niemand. Entsprechend groß war ihre Angst vor der Zukunft. Ihre frühen Jahre überschattete überdies, dass in der Wiener Hofburg eine Katastrophe die nächste jagte. 1763 starb Isabella von Parma. Joseph, dem sich Josepha nach »Hannerls« Tod als Einzigem aus der Geschwisterschar eng verbunden fühlte, litt unendlich, und das verursachte auch ihr großen Kummer. Und als 1765 bei Leopolds Hochzeit, an der »Sepherl« und die anderen noch kleinen Kinder nicht teilnahmen, weil für sie die Reise nach Innsbruck zu anstrengend schien, auch noch ihr zärtlich geliebter Vater starb, wurde die Hofburg endgültig zu einem traurigen, bedrückenden Ort, an dem es kein Lachen und keine Vergnügungen mehr gab. Daran änderte auch »Mimis« Hochzeit im April 1766 nichts. Im Gegenteil, die Atmosphäre wurde noch trostloser, denn jetzt verließ auch noch »Mimi« Wien.

Im Dezember 1766 nahm das »Ehegeschäft« konkrete Formen an. In Madrid unterzeichnete König Karl III. den Heiratsvertrag. Als Datum für die Hochzeit per procurationem in Wien wurde der 14. Oktober festgelegt. Der Vertrag traf am 13. Januar 1767 in Wien ein. Ab diesem Zeitpunkt liefen die Hochzeitsvorbereitungen an. »Sepherls« Tante, Charlotte von Lothringen, erklärte sich bereit, für eine luxuriöse Aussteuer zu sorgen, schließlich habe sie die besten Beziehungen zu Frankreich. In Josephas Gemächern

Maria Josepha sollte – gar nicht zu ihrer Freude – Ferdinand, den König von Neapel-Sizilien, heiraten. Doch die Pocken, die damals in Wien wüteten, machten Maria Theresias Pläne zunichte. Maria Josepha starb, wie kurz zuvor ihre Schwester Johanna Gabriela, kurz vor der Hochzeit an den gefährlichen Blattern.

entwickelte sich ein reges Kommen und Gehen. Aus Frankreich angereiste Händler legten ihr die feinsten und elegantesten Seidenstoffe zur Auswahl vor, Schneider nahmen ihre Maße, andere brachten halbfertige Kleidungsstücke zur Anprobe.

Die Pocken wüten – und raffen auch Josepha dahin

Froh machten die hektischen Aktivitäten die junge Braut nicht. Ihr war bang vor der Zukunft, vor der Ungewissheit. Sie weinte viel. Nicht zuletzt, weil sie erfahren hatte, dass ihr junger Bräutigam in Neapel Prinzessin Belmonte, einer Palastdame, heftig den Hof machte. Und dann brachten auch noch die Pocken die Vorbereitungen zum Stehen. Im Mai erkrankte Josepha, Josephs ungeliebte zweite Gattin, und verlor den Kampf gegen die schreckliche Krankheit innerhalb von zehn Tagen. Als Nächste traf es Maria Theresia. Auch sie erkrankte aufs Heftigste, wurde sogar mit den Sterbesakramenten versehen, erholte sich dann aber zur Erleichterung und Überraschung aller.

Ab Mitte August durfte die Wiener Bevölkerung das »für die durchlauchtigste Braut des Königs beyder Sicilien bestimmte kostbarste Ausstattungsgeräth«, wie es das Wienerische Diarium nannte, im Belvedere bewundern.[3] Stolze 200 000 Gulden waren in die Ausstaffierung der Braut investiert worden, was da gezeigt wurde, fand jedoch nicht jedermanns Zustimmung. Obersthofmeister Khevenhüller-Metsch mokierte sich: »Ohne gusto und nicht wohl assortiert. Die Wäsche hatte so übel gerathen, daß man selbe gar nicht sehen lassen und dahier meistens neu machen müssen… wie mann dann 99 dergleichen Kleider gezehlet hat, einige ein bißchen mehr, andere ein bißchen weniger reich und kostbar…«[4]

Joseph begleitete seine Lieblingsschwester auf die vor der Hochzeit übliche Wallfahrt nach Mariazell. Er erklärte sich auch gerne dazu bereit, ihr auf ihrer schweren Reise nach Neapel beizustehen. Auch dort wurden übrigens schon seit dem Frühjahr Hochzeitsvorbereitungen getroffen. Wie der österreichische Gesandte Graf Kaunitz-Rittberg meldete, waren 1500 Arbeiter beauftragt worden, die Straße von Rom nach Neapel in einen passablen Zustand zu bringen.

Am 8. September wurde es Ernst. Herzog von Santa Elisabetta, der Botschafter Neapels, hielt offiziell um die Hand der Erzherzogin an. Von diesem Zeitpunkt an kam Wien nicht mehr zur Ruhe. Ein glanzvolles Fest löste das andere ab, Unterhaltungen, Spiele und Theateraufführungen gingen nahtlos ineinander über. Der jungen Braut wurde von Tag zu Tag banger ums Herz.

Am 4. Oktober, zehn Tage vor dem geplanten Großereignis der Hochzeit, begaben sich Mutter und Tochter in die Kapuzinergruft. Sie beteten am Sarkophag Franz Stephans, dann kniete Josepha auch am Grab ihrer geliebten Schwester »Hannerl« nieder und sprach ein Gebet. Am Abend, zurück in ihren Gemächern in Schönbrunn, fühlte sich Josepha nicht wohl. Aus anfänglichem leichtem Frösteln wurde Schüttelfrost, bald stellten sich Übelkeit, hohes Fieber, Erbrechen und Angstzustände ein. Schon am nächsten Morgen war klar: Die zukünftige Königin von Neapel war an den Pocken erkrankt.

In aller Eile wurden alle Festlichkeiten abgesagt, die bisher von den Blattern noch verschont gebliebenen Geschwister aus Sicherheitsgründen aus Schönbrunn in die Hofburg gebracht, der Hochzeitstermin verschoben und Kuriere mit der Nachricht von der schweren Erkrankung nach Neapel und Madrid in Marsch gesetzt. Noch wurde davon gesprochen, den Hochzeitstermin auf das kommende Frühjahr zu verschieben. Diesen Plan machte aber »Sepherls« Gesundheitszustand zunichte, der sich von Tag zu Tag verschlechterte. Am 14. Oktober, dem Tag ihrer geplanten Hochzeit, erreichte die Krankheit ihren dramatischen Höhepunkt. Die Kranke redete »viel irre«, wie das Wienerische Diarium meldete, dann aber fand sie Worte des Trostes für ihre an ihrem Bett wachende Mutter an deren Namenstag. Sie hätte ohnedies morgen von ihr Abschied nehmen müssen, hauchte sie. Dafür gehe sie jetzt in den Himmel, wo sie viel besser »aufbehalten« sein werde.

Josepha bewahrten die Pocken vor einem schweren Schicksal. Das Ehegeschäft mit Neapel war damit aber nicht vom Tisch. Schon eine Woche nach dem Tod Josephas am 15. Oktober 1767 bot Kanzler Kaunitz dem spanischen König für seinen Sohn die Hand einer anderen Kaisertochter an, die der Toten in nichts nachstehe und die Blattern schon gehabt habe. Jetzt war Maria Karolina an der Reihe.

13. KAPITEL

Maria Theresias Ebenbild

MARIA KAROLINA (1752–1814)

Nach 1748 hatte Maria Theresia nur ein erklärtes Ziel: Die Rückeroberung Schlesiens, das Österreich im Frieden von Aachen an Preußen verloren hatte. Dass dieses Ziel mit dem Verbündeten Großbritannien nicht zu erreichen war, stellte sich immer deutlicher heraus. Graf Wenzel Kaunitz schlug daher eine Umkehrung des europäischen Bündnissystems vor. Die Achse Wien–London sollte durch das Bündnis Wien–Paris ersetzt werden. Als Gesandter in Paris gelang es ihm im Sommer 1752, wichtige Vorarbeit für eine mächtige europäische Koalition gegen Preußen aufzubauen. Zu dieser Zeit sah Maria Theresia der Geburt ihres 13. Kindes entgegen. Ob sie bereits ahnte, dass dieses Kind es sein sollte, das später als erstes das Bündnis mit den Bourbonen festigen würde?

Ganz in diese Richtung jedenfalls wies schon die Taufe des am Abend des 13. August 1752 geborenen Sonntagskindes: Als Paten fungierten der König und die Königin von Frankreich, vertreten durch Prinzessin Charlotte und den französischen Botschafter Marquis de Hautefort. Das kleine Mädchen wurde am Tag nach seiner Geburt auf die Namen Maria Carolina Ludovica Josepha Johanna Antonia getauft.

Maria Karolina, die bis zu ihrer Verheiratung »Charlotte« gerufen wurde, entwickelte sich zu einem bildhübschen Kind. Mit ihrem goldblonden Haar, ihren strahlend blauen Augen und ihrer reizenden Figur wirkte sie wie ein Ebenbild ihrer Mutter in Jugendjahren. Sie war allerdings ein wildes, rebellisches und widerborstiges Kind. Erzogen wurde sie gemeinsam mit ihrer Schwester Maria Antonia. Zur Aja war Gräfin Brandis bestellt worden, und die hatte mit den beiden Wildfängen wenig zu lachen. Sie war ihnen auch nicht gewachsen. Als Charlotte 15 war, ersuchte sie Maria Theresia, sie von dieser Erzieherin zu befreien und ihr Gräfin Lerchenfeld zuzuteilen. Es war das erste Mal, dass eines der Kinder einen Wunsch dieser Art äußerte, aber siehe da, Maria Theresia erfüllte ihn.

Den Wechsel der Erzieherin nützte Maria Theresia für eine ihrer gefürchteten Standpauken. Sie müsse ihre Gebete und ihre Studien ernster nehmen, Klatsch und Heimlichkeiten meiden, man werde ihr genau auf die Finger sehen, sie beobachten etc.

Ferdinand von Neapel, ein junger Rüpel

Zu dieser Zeit liefen die Vorbereitungen für die Hochzeit von Maria Josepha mit Ferdinand von Neapel auf Hochtouren. Charlotte half ihrer Schwester, der von Tag zu Tag banger wurde, bei der Auswahl der schönen Stoffe, Kleider und sonstigen kostbaren Stücke ihrer Aussteuer.

In Neapel sah indes auch der Bräutigam, der 1751 geborene Ferdinand, der Hochzeit mit gemischten Gefühlen entgegen. Er war im Alter von acht Jahren zur Nachfolge seines Vaters bestimmt worden, als dieser 1759 als Karl III. den spanischen Thron bestieg. Sein Herrschaftsgebiet umfasste die zwei getrennten Königreiche Neapel und Sizilien, die er viel später, 1816, zum Königreich beider Sizilien vereinigte. Da Ferdinand noch nicht regierungsfähig war, führte die Amtsgeschäfte ein Regentschaftsrat mit Marchese Tanucci an der Spitze. Dieser Mann zeichnete sich durch Fleiß und Rechtschaffenheit aus, andererseits aber auch durch grobe Manieren und eine heftige Abneigung gegen das weibliche Geschlecht. So gut er die Regierungsgeschäfte auch führte, so umfassend versagte er bei der Erziehung Ferdinands.

Tanucci hatte Fürst San Nicandro mit der Ausbildung Ferdinands betraut. Dieser legte kaum Wert auf die geistige Entwicklung des Heranwachsenden, sorgte nur für seine körperliche Ertüchtigung und sein Vergnügen. Das Resultat war, dass der blasse, hoch aufgeschossene Ferdinand, der später wegen seiner riesigen

Ferdinand von Neapel-Sizilien, wegen seiner großen Nase auch »Il Re Nasone« genannt, war kein »Traumprinz«. Derbe Späße und ungehobeltes Verhalten liebte er weit mehr als höfische Manieren und ernsthafte Regierungsgeschäfte.

Nase »Il Re Nasone« genannt wurde, im Alter von 16 Jahren von Manieren oder höfischen Umgangsformen völlig unbeleckt war. Er konnte kaum rechnen, sprach Latein, Französisch und Deutsch nur bruchstückhaft und hatte keine Ahnung von Literatur, Kunst oder den geistigen Strömungen seiner Zeit. Die Regierungsgeschäfte interessierten ihn nicht. Stattdessen vergnügte er sich auf der Jagd und bei Spielen, tollte mit Bediensteten durch den Königspalast oder dachte sich Späße und Streiche aus. Zeitgenössische Reisende beschrieben ihn als cholerisch und widerspenstig, launenhaft und ohne Zartgefühl.

Der Pockentod Maria Josephas stürzte den Wiener Hof im

Oktober 1767 zwar in tiefste Trauer, die Pläne, eine Kaisertochter mit einem Spross aus dem Haus Bourbon zu verheiraten, wurden damit aber nicht begraben. Ersatz war schnell zur Hand: Charlotte. Schon am 3. Februar unterzeichneten die beiden Herrscherhäuser einen Ehekontrakt. In Neapel erhielt Ferdinand ein Porträt der neuen Braut. Er klatschte sich freudig auf die Schenkel und plante, zu ihrer Begrüßung im Thronsaal ein lustiges Sackhüpfen zu veranstalten.

Wie groß die Erwartungen in Neapel auf Regierungsebene waren, zeigt der an Maria Theresia gerichtete Brief des Legationssekretärs Anton von Binder vom August 1767: »Die neapolitanische Parthey nun wünscht nichts sehnlicher, als daß Ihro Majestät die Königinn sich der Regierung, da es des Königs Majestät sowohl an dem Willen, als an der Fähigkeit fehlet, annehmen und mithin der gänzlichen Zugrunderichtung dieser in so elenden Umständen sich befindenden Ländern zuvorkommen möchten ...«[1]

Der Hochzeitsschock

In Wien wurde das Datum für die Hochzeit per procurationem festgelegt: 7. April 1768, nur 183 Tage nach dem Tod der eigentlich vorgesehenen Braut.

Jetzt war es an Charlotte, sich mit ihrer Aussteuer zu beschäftigen. Viel Zeit blieb ihr jedoch nicht zum Auswählen und Anprobieren. Kaunitz, mittlerweile in den Fürstenstand erhoben und zum Haus-, Hof und Staatskanzler aufgestiegen, erteilte der künftigen Königin von Neapel im Schnellverfahren Unterricht in der Kunst des politischen Agierens. Zu seiner größten Überraschung erwies sich seine blutjunge Schülerin nicht nur als klug, sondern auch als interessiert und wissensdurstig.

Bei der Hochzeit zog der Wiener Hof einmal mehr alle Register barocker Kunst des Feierns. Es herrschte drei Tage große Gala, die kaiserliche Familie speiste »bey Aufwartung des Adels und einer vortrefflichen Tafelmusik öffentlich und aus Gold«, wie das Wienerische Diarium berichtete. Am Hochzeitstag selbst führte Maria Theresia ihre Tochter, die ein weißes, mit Myrthen bestick-

Maria Karolina beugte sich ihrem Schicksal nur schwer. Vor ihrem ersten Zusammentreffen mit dem Bräutigam tobte und weinte sie – vergeblich.

tes Atlaskleid trug, an der Hand in die Augustinerkirche. Stellvertretend für den König von Neapel sprach Erzherzog Ferdinand, der Bruder der Braut, das Jawort. Charlotte zischte ihm noch zu, er sei der falsche Ferdinand, das war aber auch schon der letzte Scherz für lange Zeit.

Nach der Trauung speisten Mutter und Tochter allein. Der nahe Abschied drückte schwer auf die Stimmung. Keine der beiden brachte einen Bissen hinunter. Wenig später geleitete Erzherzog Ferdinand die junge, nun in ein blaues, mit goldenen Borten verziertes Reisekostüm gekleidete Königin zu ihrem Reisewagen. Es folgten innige Umarmungen. Besonders tränenreich war der Abschied von der kleinen Maria Antonia. Dann setzte sich der prachtvolle Konvoi, zu dessen Verabschiedung die gesamte Wiener Bevölkerung auf die Straßen geströmt war, Richtung Süden in Bewegung. 57 Wagen, 17 davon sechsspännig, überall angekündigt von drei voranreitenden Posthorn-Bläsern.

Im Gepäck hatte auch diese Tochter Maria Theresias detailreiche Instruktionen, wie immer über Sittlichkeit, Religion und das Glück der Ehe. In einem weiteren Schreiben erteilte die Mutter Anweisungen für den Tagesablauf. Es genügen acht Stunden Schlaf, als Erstes sei ein Morgengebet zu sprechen und eine kleine geistliche Lektüre zu halten … Sie solle ihren Mann so selten wie möglich verlassen und ihm überallhin folgen. Ihre größte Sorge müsse sein, ihn so nützlich wie möglich zu amüsieren und ihn dadurch zu fesseln. Sie solle nie im großen Négligé vor Männern erscheinen und sich stets sauber, ordentlich und anständig anziehen usw. usf.[2]

Ob die Mutter ahnte, was ihrer Tochter bevorstand? Großherzog Leopold in Florenz jedenfalls wusste es bereits, seine Gemahlin Ludovica war schließlich die Schwester des Bräutigams. Nach allem, was sie ihm über Ferdinand erzählt hatte, stand zu befürchten, dass seine kleine, impulsive Schwester schon beim ersten Zusammentreffen Reißaus nehmen würde. Um dies zu verhindern, erklärte er sich dazu bereit, Maria Karolina gemeinsam mit Ludovica nach Neapel zu begleiten. Er reiste ihr nach Innsbruck entgegen, sprach mit ihr Gebete im Sterbezimmer des Vaters, dann ging es weiter nach Florenz.

In seiner Stadt gelang es Leopold noch, Karolina durch Theateraufführungen, Ausfahrten und einen Maskenball abzulenken. Auf der Weiterreise nach Süden aber stieg ihre Nervosität von Tag zu Tag. Die 16-Jährige kämpfte immer wieder mit den Tränen, zitterte am ganzen Körper, redete wirres Zeug und hatte besonders vor einem Angst: dass sie dem König nicht gefallen könnte. Was sie freilich nicht wusste, war, dass es auch Ferdinand nicht viel anders erging. Auch er war krank vor Angst, fürchtete sich vor dem ersten Zusammentreffen, war verstört und verwirrt durch zu viele gut gemeinte Ratschläge.

Dramatische Szenen spielten sich im Palazzo in Terracina ab. Dort erfolgte die Übergabe der Braut. Jetzt hieß es für Karolina, von ihrem Hofstaat Abschied zu nehmen. Das war zu viel. Geschüttelt von Weinkrämpfen sprang die 16-Jährige von ihrem Thronsessel auf und warf sich der ihr besonders lieben Gräfin Trauttmansdorf an den Hals. Innerhalb kürzester Zeit war der gesamte Hofstaat in Tränen aufgelöst. Leopold und Ludovica brachten Karolina in einen Nebenraum, reichten ihr Erfrischungsgetränke und versuchten sie zu beruhigen. Schließlich lag noch eine halbe Stunde Wagenfahrt vor ihnen, nach Portobello, wo der König seine Gemahlin erwartete. Leopold schrieb später, er wolle eine derartige Szene in seinem ganzen Leben nie mehr erleben, nicht für ein ganzes Königreich.

In Portobello war für den Empfang ein Holzhaus errichtet worden. Es bestand aus einem Saal und je einem Eingang an der Vorder- und Hinterseite. König und Königin sollten mit ihrer Begleitung jeweils durch eines der Tore eintreten und dann in der Mitte des Saales zusammentreffen. Während Ferdinand Neugierde anzusehen war, wirkte Karoline, als würde sie im nächsten Augenblick davonstürmen. Leopold und Ludovica nahmen sie fest in die Mitte. Schließlich verlief alles programmgemäß. Maria Karolina setzte dazu an, vor ihrem Gemahl niederzuknien und ihm die Hand zu küssen, er aber hob sie auf und sie konnte auf Italienisch ihren oft und oft geübten Satz hauchen: »Ich bin überglücklich, Eure Majestät, meinen lieben Gatten, in so blühender Gesundheit und Wohlergehen begrüßen zu können.«[3]

Der König wand sich in Verlegenheit. Er brachte kein Wort heraus, schaffte es mit Müh und Not, ihr einen Kuss auf die Wange zu drücken. Auch in der Karosse, die das junge Paar zum Diner nach Gaëta brachte, wagte er nicht, seiner Gemahlin ins Gesicht zu schauen, sondern palaverte endlos mit seiner Schwester – über die Jagd und seine Hunde. Karoline versuchte tapfer, ihn in ein nettes Gespräch zu verwickeln. Ferdinand antwortete aber lediglich mit »Ja« oder »Nein«, dann schaute er wieder zum Fenster hinaus. In dieser Atmosphäre verlief auch das Hochzeits-Diner. Und als die Tafel endlich aufgehoben wurde, heulte Karolina in einem Nebenzimmer los. Es sei schrecklich, sie gefalle dem König nicht, sie werde ihr ganzes Leben lang unglücklich sein. Und das war erst der Anfang des Dramas.

Die Trauung erfolgte am 12. Mai 1768 im Palast von Caserta. Auch an diesem Tag verlief die festliche Mahlzeit steif und gespannt. Natürlich gefiel Ferdinand seine blonde, blauäugige Gemahlin, er war bezaubert von ihrem zarten, schimmernden Teint und ihrer hübschen Figur – nur, er wusste sich nicht auszudrücken, hatte nicht die geringsten Manieren. Leopold und Ludovica rechneten damit, dass ihr Auftrag jeden Augenblick scheitern und Karolina Reißaus nehmen könnte. Aus Angst vor einem Eklat wagte es das Großherzogpaar auch nicht, in der Hochzeitsnacht ein Auge zuzutun.

Gerade diese Angst war begründet. Ludovica hatte Karolina zwar schonend darauf vorbereitet, was ihr in der Hochzeitsnacht geschehen würde, die Wirklichkeit übertraf aber die schlimmsten Befürchtungen. Nicht allerdings für Ferdinand. Der stürmte am folgenden Morgen schon um sechs Uhr früh aus dem Palast und ging jagen. Nach dem Befinden seiner jungen Gemahlin befragt, erklärte er »galant«, sie schlafe wie eine Tote und schwitze wie ein Wildschwein.

Karolina hingegen war geschockt. Sie klagte Ludovica, Ferdinand habe sich äußerst schlecht und unanständig benommen. Wie dramatisch der Beginn dieser Ehe verlaufen sein muss, lässt der Brief erahnen, den Karolina im August 1768 an Gräfin Lerchenfeld schrieb, als sie von der bevorstehenden Hochzeit ihrer kleinen Schwester Maria Antonia erfuhr: »… lieber sterben, als noch einmal das erleiden, was ich da erlebte … wenn mir mein Glaube nicht gesagt hätte: denke an Gott, so hätte ich mich umgebracht …«[4]

Ein schwieriges, neues Leben

Am 20. Mai hielt das junge Königspaar Einzug in Neapel. So glanzvoll dieses Ereignis auch zelebriert und so begeistert die schöne, blonde Königin auch von der Bevölkerung begrüßt wurde, für Karolina bedeutete dies den Beginn eines schwierigen Lebensabschnittes. Sie fügte sich zwar in ihr Schicksal, immer wieder ging aber auch ihr Temperament mit ihr durch. Dann wetterte sie lautstark drauf los. Während am Wiener Hof die Etikette längst gelockert war und die kaiserliche Familie privat gemütliche, fröhliche Stunden erlebte, wurde in Neapel noch die spanische Etikette zelebriert. Für Karoline bedeutete das, dass sie keinen Augenblick allein war. Sie war ständig von Dienern und Lakaien umgeben, die ihr jeden Handgriff abnahmen, sie belauschten und begafften, hinter ihrem Rücken tuschelten und Intrigen spannen. In der süditalienischen Hitze rang sie in hochgeschlossenen, bodenlangen schwarzen Roben und engen Miedern nach Luft. Und platzte bald aus allen Nähten, weil ständig gegessen wurde. Der Tag begann um sieben Uhr früh mit Schokolade und Biscuits, um elf Uhr folgte ein üppiges Frühstück mit Pasteten und Koteletts, um zwölf Uhr ein mehrgängiges Diner, um fünf Uhr gab es Tee und Gebäck und um halb zehn Uhr abends wieder ein mehrgängiges Souper: die reinste Mastkur.

Ein weitaus freieres Leben als Karolina war im Palast einer riesigen Schar von Tieren vergönnt. Der König liebte es, wenn seine Jagdhunde durch die prachtvoll eingerichteten Säle strichen und sich genüsslich auf den Chaiselongues und Teppichen der Salons einrollten. Die kostbar eingerichteten Räume waren von Katzen, Gänsen, Hühnern und Kaninchen bevölkert und in Käfigen quietschten Mäuse und Ratten, die er gelegentlich freiließ, um sich am hysterischen Gekreische der Hofdamen zu amüsieren.

Der König ließ auch sonst keine Gelegenheit aus, seine Umgebung zu schockieren. Die Jagd war seine Leidenschaft, dabei konnte er auch seine sadistischen Gelüste ausleben. Er liebte es, Tiere selbst zu zerteilen und dann blutverschmiert in den Palast zurückzukehren. Eine Probe seiner Ungehobeltheit lieferte er Kaiser Joseph II., der Neapel 1769 besuchte. Ferdinand bat Joseph, ihm Gesellschaft zu leisten, während er auf der »chaise percée«, also dem Nachtstuhl, saß. Dort saß der König mit heruntergelassenen Hosen, umstanden von Kammerdienern und anderen Leuten. Nach mehr als einer halben Stunde verbreitete sich eindeutiger Gestank im Raum. Doch damit nicht genug, wollte Ferdinand auch das Ergebnis allen zeigen und lief, immer noch mit heruntergelassenen Hosen, zwei Herren nach, die jedoch die Flucht ergriffen …[5]

Über Karolinas Zustand wusste Joseph nur Erfreuliches zu berichten. Sie sei zwar nicht viel gewachsen, aber ein wenig stärker geworden, schrieb er an Maria Theresia. Das stehe ihr gut. Sie

Insgesamt brachte Karolina 17 Kinder zur Welt – doch die Idylle im Bild trügt: Einmal soll die temperamentvolle Königin ihren Ehemann in einem Wutanfall sogar in die Hand gebissen haben.

besitze eine schöne Büste, die der König sehr liebe. Er wolle sie immer anderen zeigen, wogegen sich die Königin stark verwehre …

So schockierend die Eskapaden ihres Gemahls auch waren, in einem Punkt hatte die junge Königin nichts zu vermissen: Der König erwies sich als erstklassiger Liebhaber. Auch wenn sie von ihren Hofdamen der Etikette entsprechend jeden Abend in Mieder und Handschuhen zu Bett gebracht wurde, verstand er es, ihr seine Meisterschaft oft und gern zu beweisen. Im Juni 1772 wurde dem Paar das erste Kind geboren. Es war ein Mädchen und wurde zu Ehren der Großmutter auf den Namen Maria Theresia getauft. Ferdinand veranstaltete im Palast überglücklich ein ausgelassenes Sackhüpfen.

In den folgenden Jahren war Karolina nahezu ununterbrochen guter Hoffnung. Sie brachte insgesamt 17 Kinder zur Welt und überrundete damit sogar ihre Mutter. Im Jahr 1775 schaffte sie sogar das Kunststück, zwei Kinder zu gebären, eines im Januar und eines im November. Acht ihrer Sprösslinge starben schon im Kindesalter. Die vielen Schwangerschaften bereiteten ihr aber nicht nur Freude. »Für mindestens ein Jahr, ob Du stirbst oder platzt, weigere ich mich, schwanger zu werden«, soll sie ihren Mann einmal sogar angebrüllt haben.

Dass Ferdinand gelegentlich auch Tänzerinnen und Dienstmägde in den Genuss seiner Liebeskünste kommen ließ, störte Karolina wenig. Die temperamentvolle Königin, die ihren Mann in einem Wutanfall einmal sogar in die Hand biss, war vielleicht sogar erleichtert darüber.

Karolina, die Politikerin

Ihre Interessen verlagerten sich ohnehin bald auch auf ein anderes Gebiet. Sie begann, politische Fäden zu ziehen. Mit Fingerspitzengefühl gelang es ihr nach und nach, die politischen Entscheidungen ihres Gemahls zu lenken und ihm überdies seine gröbsten Rüpelhaftigkeiten abzugewöhnen. Nun setzte sie es sich zum Ziel, ihn aus der Vormundschaft des spanischen Königshauses zu befreien und selbst zu herrschen. Sie hatte Erfolg. Tanucci, bereits 80 Jahre alt, wurde abberufen. Und ab April 1778 durfte sie in den Staatsrat eintreten.

Um das Königreich Neapel war es schlecht bestellt. Es kamen zwar schon damals zahlreiche »Touristen«, um die neuen Ausgrabungsstätten Pompeji und Herculaneum zu besuchen, Handel und Gewerbe lagen aber danieder, die Bevölkerung litt unter Armut und Marine und Heer waren in erbärmlichem Zustand. Karolina war sich bewusst, dass sie die Hilfe von fachkundigen Beratern benötigte. Sie fragte Bruder Leopold in Florenz um Rat. Und dieser übersandte ihr »leihweise« einen hochbegabten Mann, den aus einer englischen Familie stammenden John Acton.

Gemeinsam mit diesem gutaussehenden Junggesellen, der sich als perfekter Organisator erwies, gelang es Karolina, Reformen durchzusetzen. Sie stellte in Neapel eine Stadtwache auf, baute das Straßennetz aus, verbannte die Friedhöfe aus der Stadt, begründete eine Akademie der Wissenschaften und zog eine Reorganisation von Heer und Marine durch. Die Mittel dafür gewann sie, indem sie kirchliche Pfründe besteuerte, Klöster aufhob und ihren Besitz einzog.

Diese Aktivitäten erweckten den Unmut der spanischen Partei. König Karl III. wurde in Madrid hinterbracht, Acton sei die treibende Kraft, um das Königreich Neapel aus der Vormundschaft Spaniens zu lösen. Bald kam ein Karussell von Intrigen und Lügen in Schwung. Der Königin wurde eine enge Beziehung zu Acton unterstellt. Karolina tobte vor Wut und der König entließ den spanienfreundlichen Minister Sambuca. Karolina hatte abermals gesiegt. Aber um welchen Preis! Als noch dazu der französische Botschafter nach Versailles meldete, es sei eigentlich sie, die regiere, und der König mache nur, was sie wolle, war das für sie zu viel. Die zahlreichen Schwangerschaften und die ständige Anspannung sprengten ihr Nervenkostüm. Für lange Zeit litt sie unter Schlaflosigkeit, erbrach häufig und war hochgradig nervös. Als dann im Februar 1783 ein schweres Erdbeben 60 000 Menschen in Messina das Leben kostete, war dies ein weiterer Schlag, den sie nur schwer verkraftete.

Heiratspläne für die Nachkommenschaft

Karolina geriet ihrer Mutter nicht nur beim unermüdlichen Kinderkriegen nach, sondern auch dabei, für diese Kinder schon früh Heiratspläne zu schmieden. In Florenz wuchs im Palazzo Pitti die riesige Kinderschar ihres Bruders Leopold heran. Was lag näher, als sich zuallererst dort nach geeigneten Kandidaten umzusehen? Es dauerte nicht lang, und schon waren die Pläne konkret: Karolinas älteste Tochter Maria Theresia sollte Leopolds ältesten Sohn heiraten, den 1768 geborenen Franz, ihre Tochter Marie Louise den 1769 geborenen, für die Regentschaft der Toskana vorgesehenen Ferdinand, und Francesco, der 1777 geborene Thronfolger von Neapel-Sizilien, die gleichaltrige Klementine.

Karolina und Leopold wurden sich zwar bald einig, Kaiser Joseph II. lehnte diese Verbindungen jedoch strikt ab. Die Heirats-

Wiedersehen in Wien: Bei der glanzvollen Dreifach-Hochzeit ihrer Kinder traf Karoline nach langen Jahren ihren Bruder Leopold wieder. In der Bildmitte, v.l.n.r.: Karoline von Neapel-Sizilien; Ludovica, Leopolds Gemahlin; Kaiser Leopold II.; Ferdinand von Neapel-Sizilien.

pläne konnten erst 1790, nach seinem Tod, realisiert werden. Als sein Nachfolger arrangierte Leopold rasch die glanzvolle Dreifachhochzeit. Karolina brachte in Neapel noch schnell ihr 16. Kind zur Welt, dann brach das Königspaar am 20. August Richtung Norden auf. Für Karolina war es nach zwei Jahrzehnten das erste Wiedersehen mit ihrer Heimat. Viel Zeit für Kindheitserinnerungen blieb ihr aber nicht. Auf die Trauungen in der Augustinerkirche – die von Francesco erfolgte wegen seines geringen Alters nur per procurationem – folgte eine Reihe von glanzvollen Festlichkeiten. Und kaum war dies vorbei, ging es in Frankfurt weiter. Das Königspaar reiste im Gefolge Leopolds an den Main, um seiner Kaiserkrönung beizuwohnen. Danach allerdings waren Karolina und Ferdinand einige geruhsame Wochen in Wien vergönnt, bevor sie Mitte März 1791 die Heimreise nach Neapel antraten.

Die Folgen der Französischen Revolution

Das Königspaar fand nach achtmonatiger Abwesenheit vieles verändert. Die französische Revolution, die 1789 in Frankreich aufgeflammt war, hatte auch den Golf von Neapel in größte Sorge gestürzt. In Frankreich gerieten König Ludwig XVI. und Marie Antoinette, Karolinas geliebte kleine Schwester, immer stärker in Bedrängnis. In Wien folgte Franz dem plötzlich verstorbenen Leopold als Kaiser nach, Karolinas Tochter Maria Theresia wurde Kaiserin und Mutter. Sie brachte 1791 als erste Tochter Marie Louise zur Welt, die später zum Entsetzen Karolinas gerade den Mann heiraten sollte, den sie auf der ganzen Welt am meisten hasste: Napoleon. Das machte sie nach ihren eigenen Worten zur Großmutter des Teufels.

Diese Ereignisse aber lagen noch in weiter Ferne. Vorerst galt es mit der Tatsache fertig zu werden, dass das revolutionäre Frankreich Österreich den Krieg erklärte. Und es kam noch schlimmer: Am 20. Januar 1793 starb in Paris Ludwig XVI. unter der Guillotine, am 16. Oktober Marie Antoinette. Karolinas Herz krampfte sich zusammen. Von nun an bestimmte der Hass auf die Franzosen ihr Denken und Handeln. Und das nicht zu Unrecht. Denn schon war in dem bitterarmen Königreich eine deutlich antiroyalistische Stimmung zu spüren, es bildeten sich republikanische Gemeinschaften, Flugblätter kursierten. »Niemals werde ich, das schwöre ich, das Schicksal meiner Schwester Marie Antoinette erleiden« schrieb sie an ihren Neffen und Schwiegersohn Kaiser Franz II. in Wien. »Dann wäre ich im äußersten Fall entschlossen, meine sieben Kinder ins Meer zu werfen und ihnen dann nachzustürzen. Ich will keinesfalls die Beute dieser Halunken werden, noch irgendjemanden um Mitleid anbetteln …«[6]

1793 tauchten französische Flottenverbände im Golf von Neapel auf. Jetzt musste Karolina handeln. Über Vermittlung des Gesandten Hamilton, mit dem sie enge und freundschaftliche Beziehungen unterhielt, gelang es ihr, ein Bündnis mit England zustandezubringen. Als im Sommer 1793 das erste englische Kriegsschiff im Hafen von Neapel ankerte, kannte der Jubel der Bevölkerung keine Grenzen. Das Königspaar begab sich persönlich an Bord der »Agamemnon« und begrüßte den Kommandanten. Es war Horatio Nelson, der später gefeierte Seeheld. Während seines Aufenthaltes in Neapel nahm er Logis bei dem englischen Gesandten William Hamilton. Das war der Beginn der legendären Romanze mit der jungen, schönen und exaltierten Lady Hamilton.

Als Robespierre, eine der treibenden Kräfte der Französischen Revolution, in Paris gestürzt wurde, schien sich die Lage in Europa zu entspannen. Karolina atmete auf. Da tauchte am Horizont eine neue, zumindest ebenso große Gefahr auf: Napoleon Bonaparte. Er war 1795 zur Belohnung für die Niederschlagung eines royalistischen Aufstandes mit dem Oberbefehl über die französischen Truppen in Italien betraut worden. Nun marschierte er unaufhaltsam vorwärts, okkupierte Nizza und Savoyen, vertrieb die Erzherzöge der Lombardei und der Toskana und näherte sich dem Süden Italiens. Im Februar 1798 besetzten seine Truppen den Kirchenstaat. Schon drohte eine Invasion des Königreichs Neapel-Sizilien.

Napoleon aber änderte seine Pläne. Er brach zu seinem Eroberungsfeldzug nach Ägypten auf. Nelson schlug seine 2000 Schiffe umfassende Flotte am 1. August 1798 erfolgreich in Abukir. Damit war Napoleons Traum von der Welteroberung ausgeträumt. Jetzt machte sich Neapel ernsthaft Hoffnungen, die Franzosen aus Italien vertreiben zu können, es erklärte der französischen Republik den Krieg. Ferdinand marschierte mit seiner Armee nach Rom. Die schlecht organisierte neapolitanische Armee aber hatte gegen die bestens ausgerüstete französische Streitmacht keine Chance. Ferdinand konnte gerade noch rechtzeitig flüchten, um einer Gefangennahme zu entgehen.

Die Flucht

In Neapel stieg indes die Unruhe. Das Volk rottete sich zusammen, antiroyalistische Parolen kursierten, es schien nur noch eine

Frage von Tagen, bis die Franzosen einmarschieren würden. Da entschloss sich das Königspaar zur Flucht. Admiral Nelson überließ der königlichen Familie das Flaggschiff »Vanguard«. Zitternd vor Erschöpfung und Angst bestieg die völlig gebrochene Karolina das Schiff am 21. Dezember 1798 bei Nacht und Nebel. Ein heftiger Sturm verhinderte, dass es auslaufen konnte. Erst am 23. Dezember wurden die Anker gelichtet. Kaum war das Schiff auf See, brach der Sturm abermals los, und diesmal so heftig, dass so gut wie alle Passagiere seekrank wurden. Karolinas sechseinhalbjähriger Sohn erkrankte so schwer, dass er während der Überfahrt in den Armen Lady Hamiltons starb.

In Palermo litt Karolina Tausend Qualen. Sie fühlte sich in dem kalten, unwirtlichen Stadtpalast überhaupt nicht wohl, ihr Gesundheitszustand war schlecht. Was sie am stärksten belastete, war aber, dass sie zur Untätigkeit verurteilt war. Und das, während die Franzosen in Neapel einmarschierten, die Republik ausriefen und König und Königin zum Ziel des öffentlichen Spottes machten.

Admiral Nelson erwies sich in dieser schwierigen Zeit als treuer Freund. Seine Flotte versorgte die neapolitanische Armee mit Waffen, und schließlich war es ein Mann der Kirche, Kardinal Ruffo, der eine Streitmacht aufstellte. Im Sommer 1799 gelang es dieser Armee, Neapel zurückzuerobern. Ferdinand veranstaltete eine riesige Siegesfeier für Admiral Nelson – nach Neapel zurückzukehren lehnte er jedoch ab.

Im folgenden Frühsommer reiste Karolina gemeinsam mit Lord Nelson und dem Ehepaar Hamilton nach Wien, offiziell mit dem Ziel, ihre Töchter zu verheiraten. Die Königin von Neapel blieb zwei Jahre. Sie logierte in Schönbrunn und bildete mit ihrer Schwester Marie Christine und deren Mann Albert von Teschen sowie ihren Brüdern Ferdinand, dem Generalgouverneur der Lombardei, und Max Franz, dem Kurfürsten von Köln, eine Leidensgemeinschaft: Sie alle waren von Napoleon vertriebene Emigranten.

Karolina erholte sich in Wien, sie kam wieder zu Kräften und fand langsam wieder zu ihrer alten Umtriebigkeit zurück. Das allerdings machte Kaiser Franz zu schaffen. Er ertrug es nur schwer, dass sie immer wieder versuchte, über ihre Tochter auf ihn Einfluss zu nehmen und permanent Anlass für Tratsch und Intrigen gab.

Auf diesem Schiff kehrte Karoline nach zweijähriger Abwesenheit aus Triest nach Neapel zurück.

Als sich auch die Heiratspläne für Karolinas Töchter zerschlugen, war es Zeit für die Königin, heimzukehren.

Heimkehr nach Neapel und neuerliche Flucht

Im August 1802 traf Karolina wieder in Neapel ein. Ferdinand war zwei Monate vor ihr zurückgekehrt, ihn hatte die Bevölkerung herzlicher empfangen als die inzwischen alt, grau und rund gewordene Königin. Kühl blieb auch das Verhältnis des Paares. Karolina schrieb in einem ihrer unzähligen Briefe nach Wien, sie lebe von ihrem Gemahl völlig getrennt, er liebe weder die Kinder noch sonst jemanden, alles sei ein Jammer. Wieder einmal war Karolinas Stimmung auf dem Tiefpunkt.

Als sich ihr Erzfeind Napoleon 1804 in Paris zum Kaiser krönte und ein Jahr später in Mailand zum König von ganz Italien, versetzte sie das in blinde Wut. Sie bombardierte Marchese Gallo, ihren Botschafter in Frankreich, mit Briefen, in denen sie Napoleon wild beschimpfte, als »korsischen Despoten«, »Geißel Europas« ja bis hin zum »Verbrecher«. Napoleon blieb dies nicht verborgen. Er schwor, die neapolitanische »Furie« vom Thron zu stürzen.

1805, nach seinem fulminanten Sieg bei Austerlitz, nahm Napoleon Neapel ins Visier. Im Dezember marschierten französische Truppen auf Neapel zu. Marchese Gallo lief zu Napoleon über. Nelson, Karolinas Stütze, war in der Seeschlacht von Trafalgar gefallen, getroffen von einer französischen Kugel. Jetzt war alles verloren. Das Königspaar floh 1806 abermals nach Sizilien. Im März 1806 setzte Napoleon seinen Bruder Joseph Bonaparte auf den Thron von Neapel und vier Jahre später seinen Schwager Joachim Murat.

In Palermo lebte Karolina ständig in der Angst, nach dem Königreich Neapel auch noch das Königreich Sizilien zu verlieren. Sie schloss einen Bündnisvertrag mit England. Ihr erklärtes Ziel war es weiterhin, das »Ungeheuer« Napoleon zu Fall zu bringen. Während Karolina ihre Fäden zog und mit steigender Besorgnis beobachtete, dass sich die Engländer immer stärker als die Herren von Sizilien aufspielten, hielt sich Ferdinand mehr denn je von der Politik fern. Seine ganze Aufmerksamkeit galt wie immer der Jagd und den schönen Frauen. Diesmal war seine Favoritin eine hübsche, verwitwete Prinzessin.

Die Seitensprünge ihres Gemahls tangierten Karolina längst nicht mehr. Was die von Gallenkoliken gepeinigte Königin aber Nächte durchweinen ließ, war, dass ihre Tochter Maria Theresia bei der Geburt ihres zwölften Kindes gestorben war. Und dass ihre Enkelin Marie Louise ausgerechnet den Teufel Napoleon geheiratet hatte. Tyrann und Konkubine nannte sie das Paar, das nun das Palais Marie Antoinettes bewohnte. Und Napoleon schimpfte sie einen »mit allen Verbrechen und Gräulen besudelten Mann«. Schon 1811 brauten sich über den Köpfen des Königspaares die nächsten Gewitterwolken zusammen. Mit Lord William Bentinck war ein neuer Sonderbevollmächtigter der englischen Krone in Palermo eingetroffen, der keinen Zweifel darüber offen ließ, wer die Beherrscher der Insel waren. Bentinck gelang es, Ferdinand zur Übergabe der Regierungsgeschäfte an seinen Sohn Francesco zu bewegen.

Jetzt war Karolina entmachtet. Sie zog sich in eine Villa im Landesinneren zurück, lamentierte, laborierte an zahllosen Leiden, erlitt epileptische Anfälle und schrieb wieder unzählige Briefe. Auf Druck der Engländer verließ sie Sizilien schließlich 1813.

Es war eine nahezu sechs Monate dauernde, mühsame Reise, die Karolina über Konstantinopel und das Schwarze Meer nach Wien führte. In Odessa musste sie eine 14-tägige Quarantäne auf sich nehmen. Gerade dort ereilte sie eine Botschaft, die ihr Herz höher schlagen ließ: Napoleon hatte in der Völkerschlacht von Leipzig eine schwere Niederlage erlitten! Das gab ihr Auftrieb.

Zurück in Wien

In Wien begrüßte die Wiener Bevölkerung Karolina als die letzte lebende Tochter Maria Theresias freudig. Kaiser Franz hingegen fühlte sich von der alten Dame zunehmend bedrängt. Ihre ständigen Forderungen, er solle sich dafür einsetzen, dass Neapel an ihren Gemahl zurückgegeben werde, waren ihm lästig. Er versuchte, sie nach Pressburg abzuschieben. Vergeblich. Sein Angebot, Schloss Hetzendorf zu beziehen hingegen nahm sie an. In dem kleinen, hübschen Schloss fühlte sich Karolina bald wohl, dort traf sie auch ihre Enkelin Marie Louise, die nach der Verbannung Napoleons auf die Insel Elba nach Wien zurückgekehrt war, und spielte mit ihrem Urenkel, dem Herzog von Reichstadt.

Für den Wiener Kongress, dessen Beginn mit 1. Oktober 1814 festgesetzt wurde und auf dem Europa neu geordnet werden sollte, nahm sich Karolina fest vor, die Rückgabe Neapels zu fordern. Dazu aber gab ihr das Schicksal keine Gelegenheit mehr. Sie starb am 7. September 1814 unerwartet in ihrem Schlafgemach in Hetzendorf. Ihr geplagtes und gequältes Herz versagte seinen Dienst. Ihr größter Wunsch ging dennoch in Erfüllung. In seiner Schlussakte bestimmte der Wiener Kongress die Rückgabe Neapels an Ferdinand. Dieser heiratete knapp drei Monate nach Karolinas Tod Lucia Migliaccio e Borgia, seine langjährige Geliebte. Er hatte nicht einmal das Ende der Staatstrauer abgewartet.

14. KAPITEL

Lebenslustiges Sorgenkind

FERDINAND (1754–1806)

Zu Beginn der 1750er-Jahre war Maria Theresia merklich verändert. Aus der lebenslustigen, verspielten, ja geradezu genusssüchtigen und vor Energie und Tatkraft strotzenden jungen Frau war die gesetzte Landesmutter geworden. Behäbig, nach 13 Schwangerschaften zur Leibesfülle neigend, von staatspolitischen Sorgen und privaten Schicksalsschlägen gezeichnet. Berater Tarouca mahnte immer wieder, sie solle öfter ausspannen und auf ihre Gesundheit achten. Gelegentlich gehorchte die Monarchin. Statt sich wie früher beim Reiten und bei dem nervenaufreibenden, wegen ihres sagenhaften Glücks im Spiel vor allem bei ihren Hofdamen gefürchteten Pharaospiel zu vergnügen, bevorzugte sie immer öfter das harmlose Kartenspiel Lansquenet und fertigte im Kreise ihrer Töchter kunstvolle Handarbeiten an.

Auf das Kinderkriegen aber verzichtete Maria Theresia auch weiterhin nicht. Am 1. Juni 1754, gegen »3 Viertel auf 5 Uhr«, brachte sie, wie das Wienerische Diarium meldete, in ihrem Lustschloss zu Schönbrunn »zum allgemeinen Trost Dero sammentlich allergetreuesten Unterthanen« einen gesunden Erzherzog zur Welt. Er wurde am folgenden Tag auf die Namen Ferdinand Carl Anton Joseph Johann Stanislaus getauft.[1]

Zwei kleine Schlingel

Der vierte Sohn der Monarchin wurde gemeinsam mit seinem um zwei Jahre jüngeren Bruder Maximilian Franz erzogen. Die Ajos und Lehrer waren angewiesen, Strenge walten zu lassen, damit kamen sie aber nur selten durch. Den beiden gelang es immer wieder, »auszubüchsen«, den Unterricht zu schwänzen und Bubenstreiche aufzuführen. Schließlich musste das Personal mehrmals ausgewechselt werden. Um Erzieher zu gewinnen, erhöhte die besorgte Mutter sogar das Gehalt. Besonders »Ferdl« konnte trotz allem niemand ernsthaft böse sein. Er hatte Charme und Witz, seine lustige, fröhliche Art ließ bald vergessen, dass er ganz schön durchtrieben war und gänzlich ohne Ehrgeiz und Fleiß.

Es war gerade ein Jahr her, seit der Pockentod Maria Theresia im Januar 1761 ihren geliebten Sohn Karl entrissen hatte, da erkrankte plötzlich Ferdinand schwer. Das achtjährige Kind wand sich in Schmerzen, litt unter nicht enden wollenden Darmkoliken. Von panischer Angst erfüllt, wachte die Mutter ganze Nächte am Krankenbett durch. Schließlich verschlechterte sich der Zustand des kleinen Patienten so dramatisch, dass er mit den Sterbesakramenten versehen werden musste. Dann aber geschah ein Wunder: Das Kind erholte sich und genas.

Waren es die in Sorge um das Kind verbrachten Nächte, war es seine gewinnende, einschmeichelnde Art, oder war es der mütterliche Instinkt, dieses zu Leichtsinn und Schlendrian neigende Kind bedürfe eines besonderen Maßes an Zuwendung? »Ferdl« wurde jedenfalls zu Maria Theresias Nesthäkchen. Und zu ihrem Sorgenkind. Ihm ließ sie mehr durchgehen als seinen Geschwistern, das sahen die anderen Kaiserkinder natürlich nicht gern. Ihn tadelte sie aber auch am heftigsten.

Die Weichen für die Zukunft stellte Maria Theresia auch bei diesem Sohn schon sehr früh. Karls Tod hatte eine Rochade im Gefüge der dynastischen Heiratspläne bewirkt. Jetzt bekam Leopold die Braut, die eigentlich Karl zugedacht war, Maria Ludovica. Und Ferdinand »erbte« die ursprünglich für Leopold vorgesehene, um vier Jahre ältere Braut Maria Beatrix d'Este. Ziel Maria Theresias war es, das Haus Este enger an das Haus Habsburg zu binden. Es war für sie von großer Wichtigkeit, dass das ursprünglich von Prinz Eugen eroberte Herzogtum Lombardei mit der Hauptstadt Mailand, das samt den reichen Fürstentümern Massa und Carrara zum Erbe von Maria Beatrix zählte, in österreichischem Besitz blieb.

Spiel und Tanz waren am Hof Maria Theresias beliebte Vergnügungen, an denen auch die Kinder gerne teilnahmen – hier Ferdinand mit seinen Geschwistern Maximilian und Marie Antoinette.

Maria Beatrix d'Este, früh versprochene Braut

Maria Beatrix wurde in Mailand am Hof ihres Großvaters Franz III. von Modena erzogen, dem kaiserlichen Statthalter. Er hatte starrköpfig und eigenwillig gegen den Protest der Eltern darauf bestanden, seine Enkelin und Erbin des beträchtlichen Vermögens bei sich in Mailand zu haben. Das kam dem Kind zugute. Maria Beatrix wuchs ab ihrem 13. Lebensjahr in einer prunkvollen Umgebung auf, schließlich legte Maria Theresia großen Wert darauf, dass ihre Statthalter den Glanz des Kaiserhauses repräsentierten. Um die Regierungsgeschäfte hatten sie sich nicht zu kümmern, die erledigten von der kaiserlichen Staatskanzlei ernannte Minister.

Maria Theresia betrachtete Maria Beatrix schon früh als Mitglied des Kaiserhauses. Um sie mit der Familie vertraut zu machen und ihr ihren Sohn Ferdinand mehr und mehr ans Herz zu legen, begann sie an Maria Beatrix schon ab ihrem 15. Lebensjahr Briefe zu schreiben. Im Laufe der Jahre sollten es an die 400 handgeschriebene Briefe werden, die von Wien nach Mailand abgingen. Alle voll mütterlicher Ratschläge, im Plauderton gehaltener Berichte über die Vorgänge in der kaiserlichen Familie und Schilderungen von Staatsaffären. Das Einzige, was sie ihrer Schwiegertochter in spe nie mitteilte, war, dass sie sich um Ferdinand ernsthaft Sorgen machte. Das war ein anderes Kapitel. Maria Theresia handelte es später in über 600 Briefen ab, die sie direkt an Ferdinand losließ. Einer rügender, tadelnder und besorgter als der andere.

Ferdinand übte sich indes in Wien als »Ersatz-Bräutigam«. Er war es, der 1768, 14-jährig, seine Schwester Karolina in der Augustinerkirche zum Altar führte und anstelle von Ferdinand, dem König von Neapel, das Jawort sprach. Und weil er seine Sache so gut und elegant machte, kam er gleich wieder an die Reihe. 1769 stand er an der Seite von Maria Amalia anstelle des Herzogs von Parma vor dem Traualtar und 1770 neben Maria Antonia anstelle des Dauphins von Frankreich. Für sich selbst sprach Ferdinand das Jawort erst 1771. Diesmal allerdings nicht in Wien, sondern in Mailand.

So fix freilich, wie Maria Theresia die Verbindung zwischen Ferdinand und Maria Beatrix sah, war sie nicht. 1769 bereiste Joseph II. Mailand. Er war zum zweiten Mal verwitwet, Maria Theresia lag ihm in den Ohren, er solle abermals heiraten. Joseph lehnte zwar entschieden ab, ein ganz klein wenig ging er aber trotzdem auf Brautschau. In Mailand gestattete er Maria Beatrix, ihn auf seinen Nachmittagsspaziergängen auf den Stadtwällen zu begleiten. Er fand sie ganz klug und verständig, allerdings auch sehr hässlich und weitaus älter aussehend, als sie war – und damit war das Thema rasch erledigt. Es blieb dabei, dass Ferdinand der Bräutigam sein sollte.

Wie seinen in weit entfernte Länder verheirateten Schwestern wurde auch Ferdinand ein grandioser Abschied beschert. Am

Maria Beatrix d'Este, die zukünftige Gemahlin Ferdinands, wuchs in prunkvollem Ambiente auf. Als Erbin mehrerer Herzogtümer galt sie als begehrte Partie.

23. September 1771, dem Datum seiner Abreise, riefen schon um vier Uhr früh Trommler in und vor der Stadt die »löbliche« Bürgerschaft zur Parade. Gegen acht Uhr erschien der gesamte Adel in der Hofburg. Das Wienerische Diarium notierte: »Auf dem Burgplatz standen die deutsch und hungarischen adelichen Leibgarden zu Pferd rechts, dann die zu Fuß nebst einem Kommando Husaren links, in Parade.«[2] Unter Ehrenbezeugungen der Bürgerschaft und des Militärs trat der »hohe Bräutigam, unser liebenswürdigster Erzherzog Ferdinand« dann unter herzlichsten Wünschen und Empfehlungen seine Reise an. Aus der Burg durch die Stadt und zum Kärntnertor hinaus. In zwei sechsspännigen Hofwagen, denen ein Kommando Husaren und blasende Postillons voranritten. Über Mariazell ging es nach Innsbruck, wo im Sterbezimmer des Kaisers Gebete gesprochen wurden, dann über den Brenner

nach Mailand. Schön gemächlich, in aller Ruhe, Ferdinand hatte es nicht eilig.

Die Trauung erfolgte noch am Tag der Ankunft des Bräutigams, am 15. Oktober, im Dom von Mailand. Jetzt waren Ferdinand und Maria Beatrix offiziell verheiratet: Maria Theresia jubelte in Wien, gratulierte schriftlich und freute sich, Beatrix in dieser Stunde, die sie so lange herbeigesehnt hatte, endlich ihre Tochter nennen zu dürfen. Ferdinand bekam bei dieser Gelegenheit gleich wieder einen Rüffel. Er solle Haltung bewahren, sich nicht gehen lassen und nicht dieses verbissene Gesicht machen, das sie so an ihm hasse, schrieb sie grantig. Und musste wohl in Kauf nehmen, dass ihre Schelte ungehört verhallte. In Mailand wurde nämlich ausgiebig und lautstark gefeiert.

Zwei Wochen lang folgte ein glanzvolles Fest auf das andere. Es gab Konzerte, Pferde- und Wagenrennen, Korso, Ausspeisung für 300 Brautpaare und Wein, der aus einem Springbrunnen floss. Am Tag nach der Trauung wurde im »Teatro Ducale« die Oper »Ruggiero« uraufgeführt, das letzte Werk von Adolf Hasse. Und noch pompöser und prachtvoller ging am folgenden Tag Mozarts »Ascanio in Alba« über die Bühne. Das erst 15-jährige Genie hatte die Musik in nur zwölf Tagen komponiert – unter fürchterlichsten Bedingungen, bei Hitze und in einem schlechten Quartier. Mozart in einem Brief an seine Schwester Nannerl: »... ober uns ist ein Violonist, unter unser auch einer, neben unser ein Singmeister der lection gibt, in dem letzten Zimmer gegen unser ist ein hautboist. Das ist lustig zum Componieren! Giebt einem viell gedancken ...«[3]

Sorglose Jahre

Die Ehe von Ferdinand und Beatrix stand von Anfang an unter einem guten Stern. Es war sicher nicht die große, leidenschaftliche Liebe, aber das Paar kam gut miteinander aus und war – relativ – glücklich. Aus Wien regnete es freilich weiterhin gute Ratschläge. So ermahnte Maria Theresia ihren Sohn zu guter Lektüre, dafür solle er sich eine Stunde pro Tag Zeit nehmen und beim Lesen ja keine Possen treiben oder mit seinen Hunden spielen. Um sicher-

Ferdinand war zeit seines Lebens ein kunstsinniger Genießer, der das »dolce far niente« dem ernsthaften Regieren seiner Ländereien bei weitem vorzog.

zugehen, dass er seine Zeit gut nützte, verlangte sie sogar, dass er ihr einen genauen Stundenplan übermittelte.

Ferdinand nahm sich das nicht allzu sehr zu Herzen. Er ließ es sich in Mailand richtig gut gehen. Statt einen Stundenplan zu erstellen, zog er es vor, von einem Jagdvergnügen zum anderen zu eilen, Musik und Theateraufführungen zu genießen oder sich an opulenten Tafeln zu erfreuen. In Wolfgang Amadeus Mozart erkannte er das große Genie. Er bat seine Mutter, ihn in seine Dienste nehmen zu dürfen. Diese bewies zwar Kunstsinn, indem sie 1776, nach dem Brand im alten Teatro Ducale, ein neues, riesiges Opernhaus in Auftrag gab, die heutige »Scala«, dieses Ansinnen aber lehnte sie strikt ab. Und fügte auch gleich eine harsche Strafpredigt an: Es sei nicht gut, sich mit Theaterleuten zu beschäftigen, gute Darsteller könne man gut entlohnen, aber ansonsten solle man mit ihnen nicht in Berührung kommen, dozierte die nach wie vor strenge Frau Mama.

Größte Freude löste bei Maria Theresia im Juni 1772 die Nachricht aus, dass sich bei dem jungen Paar Nachwuchs einstellen würde. »... Meine liebe Tochter, wie glücklich sind wir doch, Sie zu besitzen!«, jubelte die Monarchin und gab gleich Anweisung, was sie in ihrem Zustand tanzen dürfe. Menuette ja, aber keine Contredanse. Möglicherweise neige Maria Beatrix zu Fehlgeburten, und da sei höchste Vorsicht angesagt.

Die weise, erfahrene Maria Theresia sollte Recht behalten. Beatrix erlitt im Juli 1772 eine Fehlgeburt. Im Jahr darauf brachte sie aber ihre erste Tochter zur Welt, Marie Theresia. Der erste, heiß ersehnte Sohn wurde im folgenden Jahr geboren, er starb jedoch im August 1776. Insgesamt hatte das Paar neun Kinder, es begründete die Linie Habsburg-d'Este. Die Erziehung der Enkelkinder lenkte, wie könnte es anders sein, Maria Theresia von Wien aus.

Im Mai 1776 besuchten »Mimi« und Albert von Sachsen-Teschen die Lombardei. Der Herzog notierte in sein Reisetagebuch nach einem Treffen in dem Landhaus Sassuolo bei Modena: »Der Erbprinz leitet das Gespräch; er ist nicht ohne Geist, scheint aber gern Zoten zu reißen. Seine Gemahlin, die er nicht mehr liebt, als es sein muß, ist eine gute Frau und scheint ihre gedrückte Stellung in der Familie zu fühlen ...«[4]

Auch Leopold, Großherzog der Toskana, ließ wenig später kein gutes Haar an seinem kleinen Bruder. »... Ferdinand in Mailand ist ein sehr schwacher Mann, von wenig Verstand und geringem Talent, aber der von sich eine sehr hohe Meinung hat ... Er ist hart in seinen Grundsätzen, geldgierig, ... wenig Persönlichkeit, gewalttätig, keck, öffnet den Leuten die Briefe ...«[5]

Tatsache ist, dass sich Ferdinand mit den Jahren auch optisch stark veränderte. Als Folge des »guten Lebens« nahm er stark an Leibesumfang zu, blieb aber zeit seines Lebens stattlich und beeindruckend. Er war ein warmherziger Familienmensch, vergöttert von seinen Kindern. Als Landesfürst war er umgänglich und dank seines sozialen Engagements auch bei der Bevölkerung sehr beliebt.

Revolutionsjahre

1780 wurde Ferdinand nach dem Tod von Erzherzog Max III. Statthalter der Lombardei. Sein Bruder Joseph II., nach dem Tod der Mutter nunmehr alleiniger Herrscher, ließ ihm nicht allzu viel Spielraum. Von den großen Veränderungen der Ära des Reformkaisers blieb auch die Lombardei nicht ausgenommen. So wurden auch hier unter anderem zahlreiche Klöster und Pfarren geschlossen, Joseph förderte andererseits aber auch die Seidenmanufaktur, eröffnete ein Werkhaus für Arbeitslose und ließ ein Zuchthaus für Straffällige errichten.

In den 1790er-Jahren neigten sich die Jahre, in denen Ferdinand ein sorgenfreies und glanzvolles Leben als Fürst vergönnt war, rasch ihrem Ende zu. Die Ausläufer der Französischen Revolution erreichten auch die Lombardei. 1792 erklärte die französische Nationalversammlung der Habsburgermonarchie den Krieg. Als Kaiser war inzwischen Franz II. dem plötzlich verstorbenen Leopold nachgefolgt. Er ernannte Ferdinand zum Oberbefehlshaber der kaiserlichen Truppen – und dieser wusste, dass er nicht die geringste Chance hatte. Die Katastrophe kam im Mai 1796. Napoleon marschierte auf Mailand zu. Ferdinand gelang es, seine Familie in aller Eile in Sicherheit zu bringen. Zwei Tage vor dem Eintreffen des Korsen verließ er selbst Mailand fluchtartig.

Über Triest und Brünn gelangte die herzogliche Familie nach Wien: Emigranten, die ihr Hab und Gut verloren hatten und die unbändiger Hass auf Napoleon erfüllte. Ferdinand bezog mit seinen älteren Söhnen Quartier im Wiener Belvedere, Beatrix nahm vorerst mit den jüngeren Kindern Aufenthalt in Wiener Neustadt. 1803 kaufte sie das Palais Modena in der später nach ihr benannten Beatrixgasse und ließ es um- und ausbauen. Ferdinand erlebte die Übersiedelung nicht mehr. Er starb 1806 an »Lungenwassersucht«.

Beatrix waren in vorgerücktem Alter noch Freuden vergönnt. Durch die Heirat von Franz II./I. mit ihrer Tochter Maria Ludovica wurde sie zur Schwiegermutter des Kaisers. Im Zuge des Wiener Kongresses erhielt sie Massa-Carrara zurück. Sie trat 1814 die Regierung der von ihrer Mutter ererbten Herzogtümer an, die nach ihrem Tod 1829 mit Modena vereinigt wurden. Sie überlebte ihren Gemahl Ferdinand um 23 Jahre.

15. KAPITEL

Von der kindlichen Königin zur Witwe „Capet"

MARIA ANTONIA (1755–1793)

Maria Theresia glaubte an göttliche Zeichen und die Magie der Zahlen. Selbst an einem 13. Mai geboren, betrachtete sie es als glückliches Omen, dass eines ihrer Kinder an ihrem Geburtstag zur Welt kam, so war »Mimi« vom ersten Moment an ihre Lieblingstochter. Als sich hingegen ihr 15. Kind ankündigte, standen die Zeichen schlecht. In Lissabon hatte am 1. November 1755 ein Erdbeben 30 000 Menschenleben gefordert. Und bei der Geburt am folgenden Tag traten so schwere Komplikationen auf, dass sogar das Leben der Mutter gefährdet schien. Gegen halb acht Uhr abends schließlich wurde, wie das Wienerische Diarium meldete, in der Wiener Hofburg eine »gesunde und wolgestaltete Erzherzogin, Gott sey Dank! Glücklich zur Welt geboren«.[1]

Trotz all der Probleme ging am nächsten Tag die feierliche Zeremonie des »Tauf-Actes« über die Bühne. Der Adel und die kaiserliche Familie versammelten sich um zwölf Uhr mittags in der Hofburg. Und doch war die Stimmung gedrückt, als das Neugeborene nach der Jungfrau Maria, dem heiligen Antonius von Padua, dem Thronfolger Joseph und dem heiligen Johannes auf die Namen Maria Antonia Josepha Johanna getauft wurde: Als Paten fungierte das durch die Erdbebenkatastrophe schwer getroffene Königspaar von Portugal – vertreten durch Joseph und Marianne.

Maria Antonia wuchs zu einem besonders hübschen Kind heran. Zu ihrer Aja wurde Judith von Brandis bestellt, die gleichzeitig auch Maria Karolina zu betreuen hatte. Die Gräfin erlag dem Charme des süßen Mädchens. Sie ließ »Tonerl« mehr durchgehen, als gut war, übersah, dass sie ihre Lehrer um den Finger wickelte, sich kaum konzentrierte, in Lesen und Rechnen nicht glänzte, von

Zwei bildhübsche Schwestern: die früh verstorbene Maria Josepha (links) und Marie Antoinette (rechts).

Musik trotz ihres berühmten Lehrers Christoph Willibald Gluck kaum etwas mitbekam und Eifer nur zeigte, wenn es galt, Tanz- und Theateraufführungen einzustudieren.

Pfand in der europäischen Heiratspolitik

Während Maria Antonia wohlbehütet in der Wiener Hofburg aufwuchs, erlebte Europa turbulente Zeiten. Kanzler Kaunitz war es im Mai 1756 endlich gelungen, seine Idee von der Umkehr des Bündnissystems umzusetzen und die Achse Österreich-Frankreich mit dem Vertrag von Versailles zu besiegeln. Als dem Bündnis auch Russland und Schweden beitraten, fiel Friedrich II. von Preußen in Kursachsen ein. Der Siebenjährige Krieg entbrannte. Nun wurde es für Maria Theresia von immer größerer Bedeutung, die familiären Bande mit Frankreich zu festigen. Sie fädelte eine Reihe von Heiraten zwischen den Herrscherhäusern ein. Eine davon traf Maria Antonia.

In Paris war am 23. August 1754 Prinz Louis-Auguste zur Welt gekommen. Ein Kind, dem vorerst keine große Bedeutung zukam. Als jedoch sowohl sein Vater als auch sein älterer Bruder überraschend starben, stieg er, erst elfjährig, zum Dauphin auf. Das machte ihn zu einem wichtigen Pfand im Spiel der europäischen Heiratspolitik. Sein Großvater, Ludwig XV., leitete Verhandlungen über seine Verheiratung mit Maria Theresias jüngster Tochter ein. Schon 1766 notierte die Monarchin, dass Antonia »für den Dauphin in Frankreich destinieret« sei. Drei Jahre lang wurde verhandelt. 1769 schließlich hielt Ludwig XV. offiziell um die Hand der Erzherzogin Maria Antonia für seinen Enkel und Erben an, den Dauphin.

In Wien löste dieser Antrag zwar größte Freude aus, Maria Theresia erkannte aber plötzlich, dass ihre nun 14-jährige Tochter gänzlich unvorbereitet war. Sie sprach kaum Französisch und auch sonst klafften in ihrer Bildung tiefe Lücken. In aller Eile wurden Lehrer engagiert, die ihr Französisch und – besonders wichtig – Tanzen beibrachten. Um ihrer zu Leichtsinn und Schlendrian neigenden Tochter auch noch vor dem Einschlafen gute Ratschläge mitgeben zu können, ordnete Maria Theresia an, dass »Tonerl« bis zu ihrer Hochzeit in ihrem Schlafgemach nächtigte.

Der Termin für die Hochzeit per procurationem in der Wiener Augustinerkirche wurde mit 19. April 1770 festgelegt. An den Tagen vor der Hochzeit jagte ein barockes Schauspiel von Glanz, Pomp und Prunk das nächste. Einer der Höhepunkte war der Einzug des Brautwerbers des Dauphins mit 48 sechsspännigen Karossen. Und dann, am Vorabend der Hochzeit, das Galadiner für 1500 geladene Gäste, das der französische Botschafter im »Liechtensteinschen

Gartenpalais« mit einem »sehr kostbaren Feuerwerk« gab. Das Wienerische Diarium dazu: »Die Straße vom Schottenthor an bis zu dem Fürstlichen Gebäude war mit einer Allee, welche zwischen den Bäumen mit Laternen beleuchtet war, ausgezieret, und wurde von vier gegeneinander errichteten Ehrengerüsten Wein und Bier, samt Brodt und Gebratenen dem häufig zugelaufenen Volke Preiß gegeben …«[2]

Maria Theresia führte auch diese Tochter, die »in einem weißen Silberstück gekleidet und mit Geschmuck von unschätzbarem Wert gezieret war«, an der rechten Hand in die Augustinerkirche. Zum dritten Mal sprach Ferdinand, nunmehr ein hübscher 16-Jähriger, das stellvertretende »Ja«. Danach ließen unzählige Salven Wien bis in die Grundmauern erbeben und der gesamte Hof tafelte in großer Gala. Die nunmehr »Marie Antoinette« genannte Braut brach immer wieder in Tränen aus.

Die Reise nach Frankreich

Am Morgen des 21. April wechselten einander um die Hofburg Paraden zu Fuß und zu Pferd ab, in den Straßen drängten sich Menschenmengen. Um halb zehn Uhr setzte sich der schier unendliche Hochzeitszug in Bewegung. Die Dauphine von Frankreich trat ihre Reise an. Im Gepäck hatte sie die Verhaltensmaßregeln der Mutter. In dem »Reglement, alle Monate zu lesen«, ermahnte sie Maria Theresia zu Gebet, innerem Sammeln, Beichten und guter Lektüre.

Der Weg von Wien nach Paris führte die 14-jährige Marie Antoinette nach Straßburg. Dort, an der Grenze zwischen dem Heiligen Römischen Reich und Frankreich, sollte auf neutralem Boden, auf einer Insel im Rhein, die »Übergabe« an die Abgesandten ihres Gemahls erfolgen. Für diesen Anlass war ein Pavillon mit einem großen Mittelsaal und mehreren Nebenräumen errichtet worden, in denen sie vollständig entkleidet und bis hin zur Unterwäsche mit französischen Kleidern und Schmuck neu ausgestattet werden sollte. Tatsache ist, dass sie doch einige Stücke aus ihrer Heimat beibehielt.

In Straßburg, auf politisch neutralem Boden, wurde Marie Antoinette den Gesandten ihres Bräutigams Ludwig, Dauphin von Frankreich, übergeben. Ein prunkvoller Anlass, der jedoch Marie Antoinette in Angst und Schrecken versetzte.

Johann Wolfgang von Goethe, damals 20 Jahre alt, befand sich zu diesem Zeitpunkt in Straßburg. Er bestach einige Wächter, um vor dem Eintreffen der Dauphine die schönen gewirkten Tapeten betrachten zu können. Jahre später erinnerte er sich an das Entsetzen, als er im großen Saal eine besonders grausame mythologische Szene entdeckte, die Geschichte von Jason, Medea und Kreusa: »Zur Linken des Thrones sah man die mit dem grausamsten Tode ringende Braut, umgeben von jammervollen Teilnehmenden; zur Rechten entsetzte sich der Vater über die ermordeten Kinder zu seinen Füßen, während die Furie auf dem Drachenwagen in die Luft zog...«[3]

Was der junge Goethe nicht ahnen konnte, war, wie schwer es auch dieser Tochter Maria Theresias ums Herz war, als sie alles Österreichische, auch ihren vertrauten Hofstaat, verlassen musste. Ähnlich wie Karolina brach sie bei der »Übergabe« in heftiges Weinen aus und warf sich schluchzend in die Arme ihrer neuen französischen Ehrendame, der Gräfin von Noailles. Diese reagierte eher brüskiert als gerührt und ging gleich dazu über, dem weinenden Kind den neuen Hofstaat vorzustellen. So erblickte Marie Antoinette ihre Hofdamen, alles ältere Damen, die gut ihre Großmütter hätten sein können, zum ersten Mal aus verheulten Augen.

Die Hochzeit mit dem Dauphin von Frankreich

Marie Antoinette traf am 14. Mai 1770 an ihrem Ziel ein. Ludwig XV. erwartete sie mit seinem Enkel und seinen drei erwachsenen Töchtern am Rande des Waldes seiner Sommerresidenz Compiègne. Marie Antoinette verstand es, sein Herz schon bei ihrer Ankunft zu gewinnen. Ganz das kleine, ungestüme Mädchen, sprang sie aus der Karosse, lief auf den König zu und legte einen perfekten Hofknicks hin. Der König hob die süße blonde Braut entzückt hoch und umarmte sie. Der Dauphin hingegen schaffte es mit Müh und Not, ihr einen Kuss auf die Wange zu drücken.

Auch später, auf dem Weg nach Versailles, gelang es dem Dauphin nicht, seine Verlegenheit abzuschütteln. Während der König und Marie Antoinette plauderten, scherzten und lachten, wusste der zukünftige Gemahl nichts zu sagen, er schaute verlegen aus dem Fenster. Ab und zu gelang es Marie Antoinette, aus dem Augenwinkel einen Blick auf ihn zu werfen: In der Ecke der Karosse kauerte ein blasses Bürschchen, pausbäckig, mit schiefen Zähnen und blinzelnd vor Kurzsichtigkeit.

Der Dauphin machte auch bei der Trauung in Versailles keine bessere Figur. Er zitterte am ganzen Körper, als er seiner in eine weiße Brokatrobe gekleideten Traumprinzessin den Ring ansteckte. Bei der Unterzeichnung des Ehevertrages verlor dann auch Marie Antoinette die Nerven. Sie führte den Gänsekiel so ungelenk, dass ein dicker Tintenklecks auf das Dokument klatschte. Dieser kleine Fauxpas war aber schnell vergessen, denn als Nächstes hatte Marie Antoinette den Beamten ihres Hofstaates, immerhin 500 Personen, den Treueeid abzunehmen.

Am Hochzeitstag ließen sich Tausende von Schaulustigen auch durch zwei Gewitter nicht abschrecken, die am Nachmittag über Versailles niedergingen. Sie sahen auch beim Hochzeitsmahl zu, das dem König, dem Brautpaar und 19 der engsten Familienmitglieder in der neu erbauten »salle de spectacle« serviert wurde. Das Menü »Viande de roi« bestand aus einer Abfolge von Hunderten Gerichten, alle angekündigt von schmetternden Trompeten. Marie Antoinette brachte kaum einen Bissen hinunter. Ihr jugendlicher Bräutigam hingegen langte kräftig zu. Und genierte sich zu vorgerückter Stunde auch nicht, herzhaft zu gähnen.

Nach dem opulenten Mahl geleitete der Hunderte Personen umfassende Hochzeitstross den fünfzehneinhalbjährigen Bräutigam und seine vierzehneinhalbjährige Braut durch die überfüllten Zimmerfluchten von Versailles zum Schlafgemach. Hier erfolgte die zeremonielle Entkleidung. Der König selbst reichte seinem Enkel das seidene, reich verzierte Nachthemd, bei der Dauphine leistete diesen Dienst die ranghöchste Dame der königlichen Familie, die Herzogin von Chartres. Der Bischof segnete das Hochzeitsbett, die Gardinen wurden zugezogen und das junge Paar legte sich nieder. Wenig später wurden die Vorhänge nochmals aufgezogen, alle überzeugten sich von dem »paradeliegenden« Paar, dann fielen die Vorhänge endgültig.

Kurz danach nahm das Verhängnis seinen Lauf. Hinter den geschlossenen Vorhängen spielte sich nichts, aber schon gar nichts ab. Der Dauphin fiel in einen tiefen Schlaf und wachte erfrischt auf – mit den Gedanken an die Vergnügen, die ihm der neue Tag bei der Jagd bringen würde. Dass neben ihm eine junge, verführerische Frau in den seidenen Kissen lag, fiel ihm nicht auf. Viel zu früh zur Ehe gedrängt, hatte er weder Interesse am weiblichen Geschlecht noch Erfahrungen. Und daran sollte sich auch in der Folge nichts ändern. Sieben volle Jahre lang.

Paris kam nach der Hochzeit zwei Wochen nicht zur Ruhe. Es wurde mit Maskenbällen, Empfängen und Theatervorstellungen gefeiert. Am 30. Mai bildete ein Volksfest auf der Place Louis Quinze, der heutigen Place de la Concorde, den krönenden Abschluss. Wer immer dazu Lust hatte, durfte sich an Musik, Wein, Fleisch und Brot erfreuen. Das Volk von Paris strömte zu Tausenden herbei. Beim abschließenden Feuerwerk aber explodierten Feuerwerkskörper in der Menge, die Menschen versuchten zu fliehen, stürzten in umliegende Baugruben oder trampelten einander zu Tode. 139 Personen starben, Hunderte wurden verletzt. Goethe sah in diesem Unglück ein weiteres böses Omen: »Die Größe des Unglücks suchte man sowohl dem jungen Paar als der Welt zu verbergen, indem man die umgekommenen Personen heimlich begrub, so daß viele Familien nur durch das völlige Ausbleiben der Ihrigen überzeugt wurden, daß auch diese von dem schrecklichen Ereignis mit hingerafft seien …«[4]

Ein Hof voller Intrigen

Das Leben des jungen Thronfolgerpaares war alles andere als einfach. Marie Antoinette hatte sich in die französische Etikette zu fügen, die ihren gesamten Tagesablauf bestimmte. Auch am Wiener Hof hatte es die Etikette gegeben, allerdings nur für offizielle Anlässe und Feiern. Dazwischen genoss die kaiserliche Familie vergnügte, entspannende Stunden. Das fehlte in Versailles vollkommen. 24 Stunden am Tag gab es Regeln und Gebote. Die ungestüme, freiheitsliebende Marie Antoinette verstieß immer öfter dagegen. Zum Entsetzen ihrer sittenstrengen ersten Hofdame Madame de Noailles, genannt »Madame Etikette«.

Was das Leben zusätzlich erschwerte, war, dass sie ebenso wie der Dauphin ständig bespitzelt und belauscht wurde, jedes Wort drang nach außen, wurde kolportiert und kommentiert. Dabei erwiesen sich Adélaïde, Victoire und Sophie, die drei unverheirateten Töchter des Königs, als besonders findig. Die »Tanten« genannten Damen wurden nicht müde, Marie Antoinette in die Ränkespiele hineinzuziehen, die sie gegen die von ihnen verhasste Maitresse ihres Vater, Madame Dubarry, inszenierten, die sie nur als »Kreatur« bezeichneten, als »Ausgeburt des Bösen«.

Madame Dubarry war von Anfang an ein wunder Punkt. Kurz nach ihrer Ankunft am französischen Hof hatte sich Marie Antoinette vorsichtig erkundigt, was denn eigentlich ihre Aufgabe sei. Den König zu erfreuen und zu amüsieren, antwortete man ihr.

Darauf soll die naive kleine Wienerin fröhlich ausgerufen haben: »Dann sind wir ja Rivalinnen!« Sobald sie jedoch in die Details über den Wirkungskreis der Mätresse eingeweiht war, weigerte sie sich, mit ihr zu sprechen. Und das gegen den ausdrücklichen Wunsch des Königs. Der französische Hof hatte seinen Skandal und badete genüsslich darin, ganze zwei Jahre lang. Bis Maria Theresia aus Wien ihre Tochter anwies, endlich das Wort an Madame Dubarry zu richten. Marie Antoinette gehorchte. Sie sagte während eines Empfanges die legendären ersten und einzigen Worte: »Es sind heute viele Leute in Versailles.«

Marie Antoinette wusste, dass sie am französischen Hof ständig in Gefahr war. Laufend bildeten sich Zirkel und Kreise, die untereinander rivalisierten und gezielt böswillige Gerüchte im Umlauf setzten. Als Vorsichtsmaßnahme verbrannte sie sogar die Briefe ihrer Mutter – ihr Inhalt ist nur erhalten, weil diese Abschriften anfertigen ließ. Als einzige Stütze erwies sich Graf Mercy-Argenteau, den Maria Theresia ihrer Tochter als Mentor zugedacht hatte und der zudem die Aufgabe hatte, Wien laufend mit Informationen zu versorgen.

Tatsächlich wusste Maria Theresia über alles haarklein Bescheid. Von der Zusammensetzung des Frühstücks über die Gespräche, die Marie Antoinette führte, bis hin zu der Art, wie sie ihre Pferde ritt.

Die nicht vollzogene Ehe

Dass die Ehe nicht vollzogen worden war, blieb Maria Theresia natürlich nicht verborgen. Sie wusste auch gleich Rat. Marie Antoinette solle deswegen keine üble Laune haben, schrieb sie ihr. Mit Zärtlichkeiten und Schmeicheleien werde es schon klappen. Als dies nicht eintrat, konsultierte sie ihren Leibarzt van Swieten und schrieb im Juni 1771 an Mercy, dieser empfehle zuzuwarten, mit der Zeit werde dieses seltsame Benehmen schon verschwinden.

Die Zeit freilich heilte keine Wunden. Im Gegenteil. Der Dauphin verhielt sich seiner jungen und schönen Frau gegenüber zwar weder grob noch lieblos, rein körperlich aber war er nicht in der Lage, die »Erfüllung« zu bewerkstelligen. Schließlich ordnete der König eine ärztliche Untersuchung an. Dabei stellte sich heraus, dass er unter einer harmlosen Vorhautverengung litt, die durch einen kleinen Eingriff leicht zu beheben gewesen wäre. Dazu aber konnte sich der Dauphin nicht entschließen.

Die Folgen waren verheerend. Je mehr Zeit verging, ohne dass die glückliche Nachricht von zu erwartendem Nachwuchs verkündet wurde, desto mehr wurden Dauphin und Dauphine zum Gespött. Gerüchte über Marie Antoinettes angebliche Liebesbeziehungen machten die Runde, einmal wurde sie mit ihrem Schwager, dem leichtsinnigen und sensiblen Grafen von Artois in Verbindung gebracht, mit unzähligen jungen, hübschen Höflingen und später mit dem bildschönen Schweden Axel von Fersen. Es wurde getratscht und verleumdet, nicht nur im Volk, sondern auch an den Fürstenhöfen halb Europas. Und das volle sieben Jahre lang. Stefan Zweig schreibt in seiner Biografie über Marie Antoinette: »... im achtzehnten Jahrhundert galt Ehefähigkeit oder Eheunfähigkeit eines Königs, Fruchtbarkeit oder Unfruchtbarkeit einer Königin nicht als private, sondern als politische und Staatsangelegenheit, weil sie die ›Erbfolge‹ und damit das Schicksal eines ganzen Landes entschied... diese sieben Jahre des Versagens bestimmen seelisch den Charakter des Dauphins und späteren Königs und der Königin und führen zu politischen Folgerungen, die ohne Kenntnis dieses Faktums unverständlich wären: Das Schicksal dieser Ehe verbindet sich hier zum Weltgeschick...«[5]

Friedrich Weissensteiner analysiert die peinliche Situation: »Marie Antoinette blieb bis zu ihrem 22. Lebensjahr jungfräulich, aber nicht unberührt. Ihr tölpischer Ehegatte machte sich jahrelang an ihrem jungen Körper zu schaffen, versetzte sie in Erregung, ohne ein einziges zielführendes Ergebnis zustande zu bringen... Marie Antoinette, von Natur aus der oberflächlichen Zerstreuung zugeneigt, mied also das eheliche Bett und stürzte sich kopfüber ins Vergnügen. Sie unterhielt sich, nicht selten in zweifelhafter Gesellschaft, bis zum Morgen auf Bällen und Redouten, machte Schulden am Spieltisch, schloß zahlreiche Freundschaften mit Freundinnen, ließ sich auf kokette Begegnungen mit jungen Kava-

Joseph II. in delikater Mission bei Ludwig XVI. und Marie Antoinette: Es galt, den König von Frankreich davon zu überzeugen, dass er, um Kinder zeugen zu können (und damit den so heiß ersehnten Thronfolger), einen kleinen operativen Eingriff vornehmen lassen müsse …

lieren ein und versuchte, ihre innere Leere mit unablässiger Betriebsamkeit zu übertönen …«[6]

Endlich Kinder!

Im Frühjahr 1774 erkrankte Ludwig XV. an den Pocken und starb innerhalb weniger Tage unter qualvollen Leiden. Dauphin und Dauphine wurden 18- und 19-jährig zu König Ludwig XVI. und Königin Marie Antoinette von Frankreich. Umso dringlicher forderte die Mutter in Wien, endlich Enkel zu sehen. Monat für Monat teilte ihr die Tochter jedoch mit, die »Generalin« sei eingetroffen, ihre Menstruation. Und Mercy meldete nach Wien, die

Königin verliere sich immer mehr an ihre Belustigungen, das sorge im Volk für böses Blut.

Schließlich nahm Marie Antoinettes großer Bruder Joseph die Sache selbst in die Hand. Er reiste im Juni 1777 als Graf Falkenstein nach Paris. Mit seiner direkten Art redete er seinem Schwager ins Gewissen, den kleinen Eingriff endlich vornehmen zu lassen. Der Erfolg zeigte sich umgehend. Im August verkündete Marie Antoinette ihrer Hofdame Madame Campan eines Morgens: »Jetzt bin ich endlich die Königin von Frankreich!« Und der Mutter nach Wien schrieb sie, die Ehe sei vollzogen, der Beweis werde wiederholt. Mit Erfolg. Am 19. Dezember 1778 brachte Marie Antoinette ihr erstes Kind zur Welt, Marie Thérèse. Bei der Geburt dieses Kindes drängten sich im Zimmer der Gebärenden so viele Menschen, dass ihr im wahrsten Sinne des Wortes die Luft wegblieb und sie in Ohnmacht fiel. Sie kam erst wieder zu sich, als der König selbst die Fenster aufriss und für frische Luft sorgte.

Marie Thérèse war das einzige Kind Marie Antoinettes, das überlebte. Sie trug den Titel Madame Royale. 1781 wurde Sohn Louis Joseph geboren, er starb 1789 an Tuberkulose. 1785 folgte der zweite Sohn, Louis Charles. Er wurde seiner Mutter im Temple, einer ehemalige Festung des Templerordens, entrissen und als »Sohn Capet«, der Name bezog sich auf Hugo Capet, den Ahnherren des französischen Herrschergeschlechtes, dem Flickschuster Antoine Simon zur Erziehung übergeben. Nach dem Tod seiner Eltern und nachdem auch Simon auf der Guillotine hingerichtet worden war, kam er in den Temple zurück, war völlig auf sich allein gestellt und starb im Alter von zehn Jahren, ebenfalls an Tuberkulose. Von derselben Krankheit wurde auch die 1786 geborene Tochter Marie Sophie hinweggerafft, im Alter von elf Monaten.

Die Geburt der auf Marie Thérèse folgenden Enkelkinder zu erleben, war Maria Theresia nicht mehr vergönnt, sie starb 1780. Die Nachrichten, die sie bis zu ihrem Tod aus Paris erreichten, genügten aber, sie händeringend befürchten zu lassen, ihre Tochter laufe mit großen Schritten ihrem Ruin entgegen. Die besorgte Mutter erfuhr von Marie Antoinettes Frisur, die von den Haarwurzeln an 36 Zoll in die Höhe reichte und überdies mit Bändern und Federn verziert war, von 170 Kleidern der neuesten Mode, die sie pro Jahr kaufte, von Pferderennen, Harsardspielen, durchwachten Nächten, enormen Spielschulden und Ausgaben für Schmuck wie Ohrgehänge und Armbänder in astronomischer Höhe. Von Wien nach Paris ging Brief um Brief mit Tadel, Ermahnungen und Ratschlägen: Die Jagd nach dem Vergnügen werde ihre Gesundheit ruinieren; wenn sie sich treiben lasse, sehe sie großes Unglück voraus; sie werde es eines Tages erkennen, aber dann werde es zu spät sein ... und so weiter. Marie Antoinette las die Briefe. Und legte sie zur Seite.

Verhasste Marie Antoinette

Hatte die Hofhaltung unter Ludwig XV. schon Unsummen verschlungen, stieg sie unter Ludwig XVI. ins Unermessliche. Dem König selbst, der schon in jungen Jahren dick und unförmig geworden war, lag nichts an dem Aufwand. Er hielt sich mit Vorliebe in seiner eigens eingerichteten Schlosserwerkstatt auf, vergnügte sich bei handwerklichen Arbeiten, bei Spaziergängen im Park oder auf der Jagd. Er war von gutmütigem Charakter, schwerfällig, ungehobelt, oft gehemmt, aber von Liebe zu seinem Volk erfüllt. Die enormen Ausgaben seiner Frau aber bezahlte er ohne ein Wort des Vorwurfes. Er richtete ihr auch das von einem Park umgebene Schlösschen Trianon ein, in dem sie im Kreis ihrer Hofdamen und Höflinge den raffinierten Lebensgenuss einer Rokokokönigin kultivierte.

Mit dem Volk, das der König so liebte, hatte das Königspaar allerdings kaum Berührungspunkte. Drei Jahre hatte es gedauert, bis Marie Antoinette den in sich geschlossenen Kosmos des Hofes von Versailles verlassen durfte und zum ersten Mal die Hauptstadt des Landes zu sehen bekam. 1773 hielt sie gemeinsam mit dem Dauphin Einzug in Paris und wurde enthusiastisch bejubelt. Damals hatte sie noch glücklich nach Wien berichtet, wie sehr sie die Liebe des Volkes gerührt hätte, das trotz der Steuern, die es niederdrücken, außer sich vor Freude gewesen sei, sie zu sehen.

Tatsache war, dass es um das Frankreich Ludwig XVI. schlecht bestellt war. Das Land litt unter Missernten, Teuerungen und den immer fester angezogenen Daumenschrauben des ausbeuterischen Adelsstaates. Dazu Friedrich Weissensteiner: »Hat Marie Antoinette gewusst, wie es um das Land stand, dessen Königin sie war? Hat sie sich um die Millionen Untertanen gekümmert, die in menschenunwürdigen Behausungen dahinvegetierten, von der Hand in den Mund lebten, zerrissen und zerlumpt in den Armenvierteln der Städte um ein Stück Brot bettelten? Nichts von alledem …«[7]

Der Unmut in der Bevölkerung wuchs mit den Jahren. Der neue Geist der Aufklärung fand immer mehr Anhänger. Ab den späten 1770er-Jahren untergrub eine wahre Flut von Pamphleten, Flugblättern, Schmähschriften und Karikaturen den Ruf der Königin. Auf dem Pranger standen Marie Antoinettes Verschwendungssucht, ihre Arroganz und die physisch, moralisch und politisch heruntergekommene Monarchie. Der Satz: »Wenn das Volk kein Brot hat, soll es eben Brioche essen« machte als Ausspruch Marie Antoinettes die Runde. Zu Unrecht. Er stammte von Jean Jacques Rousseau, und auch er hatte ihn nur aufgeschnappt, eine immer wiederkehrende Wanderanekdote.

Wie unpopulär Marie Antoinette um 1785 bereits war, zeigte die berühmte Halsbandaffäre. Die raffinierte Hochstaplerin Jeanne de la Motte hatte Kardinal Louis René Rohan dazu bewegt, für Marie Antoinette ein überaus kostbares, von den Juwelieren Böhmer und Bassenge gefertigtes Diamanthalsband zu erstehen. Die Königin erhielt das Collier nie, der Juwelier fiel um sein Geld um und die Betrügerin ließ das Halsband verschwinden. Die Betrugsgeschichte aber wurde offiziell und geriet zum riesigen Skandal. Die Königin war zwar unschuldig, dem Volk wurde aber deutlich wie nie zuvor der krasse Gegensatz zwischen dem prassenden, verschwenderischen Adel und der eigenen Not und Armut bewusst. So kam es, dass später bei Gericht zwar Kardinal Rohan und Jeanne de la Motte auf der Anklagebank saßen, gemeint war aber die Königin. Antal Szerb schreibt dazu in »Das Halsband der Königin«: »Allmählich wurde sie für alles verantwortlich gemacht, was dem Volk nicht passte … Die Königin konnte jetzt überhaupt nichts mehr unternehmen, ohne daß viele Pariser mit der schmutzigen Phantasie ihrer Hausmeisterseelen erotische Exzesse dahin-

Mit ihrer Lust an Prunk, Pracht und Extravaganz machte sich Marie Antoinette beim Volk denkbar unbeliebt. Die Turmfrisuren, die damals so in Mode waren, sind nur ein Beispiel für die »Putzsucht« der Königin.

ter vermutet hätten … Die öffentliche Meinung verdächtigte und mißdeutete die Heiterkeit der Königin, ihre Liebe zu einem freieren und schöneren Leben, ihre Freundschaften, ihre harmlose Koketterie, mit der sie allen gefallen wollte …«[8]

Wenige Tage nach dem Prozess schlug Marie Antoinette bei dem Dankgottesdienst für die Geburt ihres zweiten Sohnes in Notre Dame eisige Kälte entgegen, bei einem Theaterbesuch wurde sie vom Publikum ausgebuht. Sie war so verhasst, dass dem König sogar geraten wurde, er solle sie in ein Kloster sperren. Jetzt wurde auch ihr langsam klar, was sich über Monate und Jahre an

Missgunst und Hass gegen sie aufgestaut hatte. Sie änderte ihren Lebensstil, verzichtete auf allzu teuren Luxus, untersagte Hasardspiele in den Salons und entließ einige der Günstlinge aus dem Trianon. Die Königin erschien nur noch selten im Theater, auf Bällen oder Empfängen, zog sich in den Kreis ihrer Familie zurück und besann sich auf ein ernsthafteres Leben anstelle der ständigen Vergnügungen. Zu spät.

Die Wolken, die sich über lange Zeit am Horizont Frankreichs aufgestaut hatten, entluden sich 1789 mit elementarer Wucht. Am 14. Juli 1789 stürmte das Volk in Paris die Bastille, das verhasste Staatsgefängnis, das Symbol absolutistischer Macht. Die Französische Revolution flammte auf. Bald ergriff ein Flächenbrand das ganze Land. Am 5. Oktober erreichte der Sturm Versailles. Die Revolutionäre zwangen die königliche Familie, ihren Luxuspalast gegen die Pariser Tuilerien einzutauschen. Ludwig XVI. gehorchte.

Marie Antoinette fühlte sich in Paris isoliert und hilflos. Die verwöhnte, an ein Leben in Luxus und Überfluss gewöhnte Königin zeigte sich aber plötzlich stark und entschlossen. Ihr gelang es, Hilfe zu organisieren, als treuester Freund erwies sich Axel von Fersen. Mit seiner Hilfe gelang es der königlichen Familie, Paris zu verlassen. In Varennes aber wurde der König erkannt und verhaftet. Die Familie wurde nach Paris zurückgebracht. Zuerst wieder in die Tuilerien, dann in den Temple.

Während die Volksmassen durch Paris tobten, die Häupter ermordeter Royalisten auf Piken durch die Stadt trugen, Adelige verfolgten und niedermachten und ihre Wut an Herrschaftssymbolen ausließen, verbrachte die königliche Familie bange Wochen und Monate in den kalten Mauern dieses Kerkers.

Am 21. September 1792 beschloss der Konvent die Abschaffung des Königtums. Ludwig XVI. wurde in einem Schauprozess vor Gericht gestellt. Am 17. Januar 1793 erging das Todesurteil. Es wurde drei Tage später vollstreckt. Marie Antoinette, grau, mager und um Jahre gealtert, stand unter Schock. Aber sie gab nicht auf. Auch jetzt gelang es ihr, geheime Botschaften nach draußen zu schmuggeln, Fluchtpläne zu schmieden, Briefe zu schreiben. Vergebens. Sie wurde am 1. August 1793 in die Conciergerie

Marie Antoinette, die »Witwe Capet«, im Gefängnis. Ihr Todesurteil nahm sie gefasst und ohne Erschütterung zu zeigen, an. Am 16. Oktober 1793 wurde sie hingerichtet.

überstellt. Dort erfuhr sie, dass sie vor das Revolutionstribunal gestellt werde.

Der Prozess gegen die »Witwe Capet« begann am 14. Oktober 1793. Die Anklage lautete auf Hochverrat und Unzucht. Vor Gericht verlangte Marie Antoinette auch ihren erbitterten Feinden Achtung ab. Sie beantwortete alle Fragen klar, deutlich und wohlüberlegt. Die Geschworenen urteilten dennoch einstimmig auf schuldig. Die einstige Königin nahm das Urteil ruhig und gefasst an, mit nahezu versteinertem Gesicht. Sie war nicht mehr zu erschüttern.

Die Hinrichtung wurde für den 16. Oktober 1793, zwölf Uhr angesetzt. Noch auf der Fahrt zum Revolutionsplatz, der heutigen Place de la Concorde, zeigte die einstige Königin Haltung. In einem weißen Pikeekleid, um den Hals ein Musselintuch, auf dem Kopf eine einfache Haube und die Hände auf den Rücken gebunden, saß sie aufrecht in dem Henkerskarren, der durch die von 30 000 Soldaten bewachten Straßen von Paris holperte.

Auf der einstündigen Fahrt zum Richtplatz verzog Marie Antoinette kein einziges Mal die Miene. Es schien, als prallten das Gespött und die Schmährufe der johlenden Menge von ihr ab. Sie stieg die hölzernen Stufen des Schafotts mit festem Schritt hoch, ließ sich ohne die leiseste Abwehrbewegung von den Henkern ergreifen und festschnallen. Um Punkt zwölf Uhr hielt die tausendköpfige Menge, die zu dem grausigen Schauspiel herbeigeeilt war, den Atem an. Nicht der geringste Laut war zu hören. Da sauste das scharfe, blitzende Beil nieder. Innerhalb von Sekunden war der Kopf vom Körper getrennt. Der Henker hob den blutenden Kopf hoch und zeigte ihn der Menschenmenge. In diesem Moment brach ein Orkan von Jubelrufen aus. Er hallte bis zum Abend in den Straßen von Paris nach.

16. KAPITEL

Korpulenter Kurfürst

MAXIMILIAN FRANZ (1756–1801)

Der 8. Dezember 1756 war für die kaiserliche Familie ein Feiertag in mehrfacher Hinsicht. Das Fest Mariae Empfängnis war zugleich auch der Geburtstag von Kaiser Franz I. Entsprechend glanzvoll verlief der Vormittag. Der gesamte Adel erschien in großer Gala bei Hof, der Kaiser nahm die Glückwünsche entgegen und fuhr danach in publico in den Stephansdom. Zu Mittag sollte öffentlich gespeist werden. Dazu aber kam es nicht. Gerade als die ersten Speisen aufgetragen wurden, setzten bei Maria Theresia die Wehen ein. Das Wienerische Diarium: »Nach 1 Uhr Mittag erscholle unter unaufhörlichem Frolocken der alhiesigen Volksmenge die erfreuliche Nachricht, daß Ihre Kaiserl. Königl. Majestät mit einem Durchleuchtigsten Erz-herzog (welcher nunmehro der fünfte am Leben ist) glücklich entbunden worden …«[1]

Nicht in der Zeitung stand, dass diese letzte Geburt für Maria Theresia auch die schwierigste war. Das Kind hatte eine ungünstige Lage, musste »übel gewendet« werden und erhielt auch die für den Notfall gebräuchliche »Frauen-Taufe«. Entgegen allen Befürchtungen überlebte es aber, und damit brachen für die Dienerschaft hektische Stunden an. Sie hatten für die gewöhnliche Taufe eine Anti-camera der Hofburg in eine Taufkapelle umzuwandeln. Gegen Abend war alles bereit: Unter einem prachtvollen Baldachin stand ein Altar mit einem großen silbernen Kruzifix, sechs silberne Kerzenleuchter tauchten das goldene, mit Edelsteinen besetzte Taufbecken in ein geheimnisvolles Licht und das Gefäß mit dem Taufwasser, in das einige Tropfen aus dem Fluss Jordan gemischt war, stand bereit. Um 19 Uhr traten die Mitglieder der kaiserlichen Familie und ausgewählte Adelige ein und das Neugeborene wurde auf ein mit rotem Samt bezogenes und mit Goldborten verbrämtes Kissen gebettet. Es erhielt die Namen Maximilian Franz Xaver Joseph Johann Anton Wenzeslaus.

Max, das 16. Kind Maria Theresias, kam in einer politisch turbulenten Zeit zur Welt, wenige Wochen vor seiner Geburt war der Siebenjährige Krieg (1756–1763) ausgebrochen. Erzogen wurde er gemeinsam mit seinem um zweieinhalb Jahre älteren Bruder Franz. Das jüngste Kind der kaiserlichen Familie entwickelte sich bald zum kräftigsten. Graf Anton Thurn, der neben Graf Sigismund Goëss als Vize-Ajo für seine Erziehung zuständig war, bezeichnete ihn als robusten »kleinen Herkules«. Er lobte seinen Lerneifer, seine Offenheit, Heiterkeit und Wahrheitsliebe, hatte aber auch mit seinem ausgeprägten Starrsinn zu kämpfen.

Pläne für Max Franz

Die Versorgung ihrer Kinder war Maria Theresia ein großes Anliegen. Während sie für den anmutigen und lebenslustigen Ferdinand schon früh Heiratspläne schmiedete, bestimmte sie ihren »Maxl« schon im Alter von 13 Jahren zur Ehelosigkeit. In einem Brief erwähnte sie, dass sie ihn wegen seiner Verschlossenheit als nicht für den Ehestand geeignet hielt. In diesem Sinne begrüßte sie es, dass Max im Oktober 1769 zum Coadjutor seines Onkels Karl von Lothringen gewählt wurde, des Hochmeisters des Deutschen Ordens. Diese geistliche Ordensgemeinschaft verfügte vor allem in Süddeutschland, Österreich und der Schweiz über erheblichen Grundbesitz. Gleichzeitig sah die Mutter für ihren Jüngsten die Statthalterschaft von Ungarn vor und dazu die Güter Holitsch, Sassin, Göding, Eckartsau und Schloss Hof aus der Hinterlassenschaft seines Vaters.

Max empfing am 9. Juli 1770 in der Wiener Augustinerkirche den Ritterschlag. Da er zu diesem Zeitpunkt erst vierzehneinhalb Jahre alt war, wurde er von den Ordensgelübden befreit. Die Weichen für die Zukunft als Hochmeister des Deutschen Ordens waren aber trotzdem gestellt. Bedingung war allerdings das Zölibat. An Heiratskandidatinnen freilich hätte es nicht gemangelt.

1773 sondierte eine Baronin Boland schriftlich die Lage. Sie habe gehört, Max plane, den Orden zu verlassen, um zu heiraten. Prinzessin Maria Anna von Zweibrücken sei eine geeignete Braut für ihn. Freiherr Mc Nenny, Maria Theresias Kabinettssekretär, antwortete jedoch höflich, aber bestimmt, Maria Anna wäre geeignet, Maximilian glücklich zu machen, »... aber es ist das Schicksal großer Prinzen, sich den Umständen mehr anzupassen als ihrer Neigung nachzugeben«.[2]

Max war zu gutmütig, um sich gegen diese Entschlüsse aufzulehnen. Freude aber bereiteten sie ihm keine. Alle seine Geschwister waren mit größtem Prunk und Pomp verheiratet worden, nur er nicht. Der kraftstrotzende Max fühlte sich zurückgesetzt und benachteiligt. Er zeigte sich immer öfter übellaunig und mürrisch, verschlossen und abweisend. Und am Wiener Hof gab es überdies nichts zu lachen. Bis auf die immer öfter kränkelnden »Marianne« und »Liesl« waren alle Schwestern »ausgeflogen« und Joseph vergiftete die Stimmung mit seinem beißenden Zynismus.

Kavalierstour und Bewährungsprobe

Als Max siebzehneinhalb Jahre alt war, schickte ihn Maria Theresia als Abschluss seiner Studien auf Kavalierstour. Der Abschied von ihrem Jüngsten, der sie mit seiner kräftigen Statur und seinem Auftreten wie kein anderes ihrer Kinder an ihren geliebten Gemahl erinnerte, fiel ihr schwer, denn sie fühlte sich zu dieser Zeit, im April 1774, schon alt und krank und hatte mit Übergewicht und Atemnot zu kämpfen. Natürlich versäumte es die besorgte Mutter nicht, auch diesem ihrer Kinder »Instruktionen« mit auf den Weg zu geben: Er solle Frauen nicht alleine treffen, weder in Theaterlogen noch auf Spaziergängen, keine Vertraulichkeiten mit diesen austauschen, aber ihnen gegenüber immer höflich und respektvoll sein ...

Max reiste inkognito, als Graf von Burgau. Das hatte den Vorteil, dass er mit wenig Begleitung auskam und dass er nicht so hohe Trinkgelder geben musste wie ein Erzherzog von Österreich. Die

Reiseroute führte über Brünn und Prag nach Süddeutschland und in die Niederlande, wo er mit seinem Onkel Karl von Lothringen zusammentraf, und nach Frankreich. Max hinterließ nirgends einen guten Eindruck. Er zeigte sich mürrisch, kalt und uninteressiert. Am schlimmsten war es in Frankreich bei Marie Antoinette. Zuerst weigerten sich die Brüder des Königs, den unbedeutenden »Grafen von Burgau« zu empfangen. Das ärgerte ihn natürlich gewaltig. Und dann machte Max kein Hehl daraus, dass ihn am königlichen Hof alles abstieß und anwiderte, der übertriebene Luxus, die Verschwendung und ganz besonders die französischen Adeligen.

Zurück in Wien schloss Maria Theresia ihren Jüngsten dennoch glücklich in die Arme. Ihr Gesundheitszustand hatte sich inzwischen nicht gebessert, sie fühlte sich dem Tod nah.

In Wien war Max kaum ein Monat vergönnt. Dann musste er zur nächsten Reise aufbrechen. Sie führte ihn zunächst nach Salzburg, wo er mit Mozart zusammentraf, und dann nach Italien. Wieder erreichten Maria Theresia in Wien keine erfreulichen Nachrichten. Leopold berichtete ihr aus Florenz, Max habe sich besonders indolent, uninteressiert und gleichgültig gezeigt.

Mittlerweile hatte sich Joseph der Erziehung seines kleinen Bruders angenommen. Er begrüßte es, dass Max 1776 seine militärische Ausbildung in Angriff nahm, die schließlich für seine geplante Statthalterschaft in Ungarn notwendig war. Max, schon damals zu Korpulenz neigend, bekam seinen »Drill« in Steinamanger. Und das tat ihm gut. Er trieb intensiv Sport, nahm ab und kam braungebrannt nach Wien auf »Urlaub«. Das Militärische lag ihm. Das freute auch Joseph. Als im Frühjahr 1778 der Bayerische Erbfolgekrieg (1778–1779) ausbrach, nahm er seinen »guten und lieben Kameraden« mit ins Feld.

Max bewährte sich glänzend. Er zeigte Eifer, Mut und Entschlossenheit und ertrug an der Seite Josephs geduldig auch härteste Strapazen. Bis ihn Anfang August plötzlich heftiges Fieber außer Gefecht setzte. Was vorerst als harmlose Erkältung galt, verschlimmerte sich von Tag zu Tag. Max fiel vor Schwäche mehrmals in Ohnmacht, das Fieber stieg. Schließlich wurde er auf Schloss Sadowa gebracht. Dort verschlechterte sich sein Zustand

Joseph II. kümmerte sich um die militärische Erziehung seines kleinen Bruders Maximilian und nahm ihn während des Bayerischen Erbfolgekrieges mit ins Feld. Im Bild Joseph II. (ganz rechts) und Maximilian (2. von links).

so dramatisch, dass er sogar mit den Sterbesakramenten versehen wurde.

Die schlimmsten Befürchtungen traten nicht ein. Der Patient erholte sich zur Überraschung aller und konnte nach Wien zurückkehren. Aus dem kräftigen jungen Mann war aber ein abgezehrter, hinfälliger Patient geworden, der unter schwerer Melancholie litt. Sein Zustand verschlimmerte sich noch, als sich unterhalb des rechten Knies eine große Geschwulst bildete. Jetzt fiel ihm das Gehen schwer, er musste viel liegen, von der Teilnahme an Bällen oder festlichen Veranstaltungen konnte den ganzen Winter über keine Rede sein. Schließlich verordneten die Ärzte eine Kur in Baden. Als diese nicht den gewünschten Erfolg brachte, versuchten sie, die Geschwulst operativ zu entfernen. Da trat ein Ähnliches auch am linken Bein auf. Maria Theresia beobachtete die Krankheit ihres Sohnes mit größter Sorge. Er ertrage seine Leiden mit englischer Geduld, lobte sie ihn. Und auch die anderen

Familienmitglieder respektierten nun seine Geduld und gefasste Haltung.

Die schwere Erkrankung bedeutete das Aus für die militärische Karriere. Damit war auch die Aussicht auf die ungarische Statthalterschaft zu Ende.

Koadjutor in Köln

Gerade als Max einsehen musste, dass sich seine Hoffnung auf militärische Lorbeeren nie erfüllen würde, trat eine entscheidende Wende ein: In Köln gaben Alter und Gesundheitszustand des 71-jährigen Fürstbischofs Max Friedrich Anlass zu Sorge. Der kurkölnische Minister Belderbusch regte an, für ihn einen Koadjutor und späteren Nachfolger zu suchen. Er klopfte im November 1779 schriftlich am Wiener Hof an. Max lehnte entrüstet ab. In den geistlichen Stand – niemals! Und auch der Fürstbischof selbst war empört, er beharrte darauf, noch viel zu jung zu sein, um einen Koadjutor zu erhalten.

Es bedurfte Monate langer Verhandlungen und diplomatischer Gespräche. Schließlich gelang es Maria Theresia, ihren Sohn so weit zu bringen, dass er dieses Amt zumindest in Erwägung zog. Im April 1780 schrieb sie überdies persönlich an Max Friedrich und schließlich erklärte sich dieser bereit, einen Koadjutor anzunehmen. Jetzt mussten aber noch die Stimmen der Domherren der Kapitel in Köln und Münster gewonnen werden. Maria Theresia schaffte auch diese Hürde. Sie griff tief in ihre Schatulle und überzeugte die hohen geistlichen Herren mit Wahlgeschenken im Wert von insgesamt 948 315 Gulden. Das wirkte. Sie entschieden sich, nicht zuletzt auch aufgrund der durch Marie Antoinette initiierten Zustimmung des französischen Hofes, für Max.

Am 9. Juli erteilte der päpstliche Nuntius Garampi Max in der Wiener Augustinerkirche die Tonsur, wenige Wochen später erhielt er auch die niederen Weihen. Seine tief religiöse Mutter hatte Tränen der Rührung in den Augen, als sie sah, wie würdevoll sich ihr erst 23-jähriger Sohn bei dieser Zeremonie verhielt. In den folgenden Wochen folgte ein Großereignis auf das andere:

Am 7. August wurde Max zum Koadjutor in Köln und am 16. August 1780 in Münster gewählt. Und da am 4. Juli auch noch Karl von Lothringen gestorben war, wurde er am 25. Oktober in Bad Mergentheim auch noch als Hochmeister des Deutschen Ordens inthronisiert.

Noch im Herbst 1780 reiste Max auch nach Bonn. Er wurde vom regierenden Kurfürsten Max Friedrich glanzvoll empfangen. Und diesmal hinterließ er überall nur den besten Eindruck. Er wurde für seine bescheidene Haltung und sein würdevolles Auftreten gelobt. Und er nahm seine neuen Ämter ernst. Noch auf der Heimreise nach Wien erstellte er sich ein genaues Arbeitsprogramm.

In Wien kam Max noch ans Sterbebett der Mutter zurecht. Ursprünglich hatte Maria Theresia ihn dazu ausersehen, ihr die Augen zu schließen, dann aber hatte sie Joseph damit betraut. Ganz zuletzt allerdings bat sie doch den Arzt Dr. Störck darum, um Joseph dieses schwere Amt abzunehmen. Max traf der Tod der geliebten Mutter schwer. Und auch mit Josephs Verhalten in den folgenden Monaten hatte er seine Probleme. Joseph, jetzt alleiniger Herrscher, erwies sich seinen Geschwistern gegenüber überaus knausrig. Er forderte von Max die teilweise Rückerstattung jener Aufwendungen, die Maria Theresia für die Koadjutor-Wahl gemacht hatte. Max geriet darüber so sehr in Rage, dass er zur Gänze auf sein Erbe verzichtete.

Ein bescheidener Kurfürst

Am 21. April 1784 starb Kurfürst Max Friedrich. Max trat seine Nachfolge unverzüglich an, reiste in seine neue Residenzstadt Bonn und übernahm die Regierungsgeschäfte seiner Bistümer noch im April. Im Dezember erhielt er die Weihen zum Subdiakon und Diakon und schließlich die Priesterweihe. Wie Joseph war er stark geprägt von den Ideen der Aufklärung und bemühte sich, seine Länder nach aufgeklärten Vorstellungen zu reformieren. Er verbesserte das Schulwesen, begründete die Universität Bonn, vereinfachte das Justizwesen und verbot den Bettelorden. Im Gegensatz zu seinem Bruder Joseph vermied er jedoch radikale, allzu rasch durchgesetzte Reformen.

Max sah sich als ersten Diener seines Staates. Tatsächlich regierte er selbst und nahm auch die Pflichten, die mit seinen geistlichen Ämtern verbunden waren, selbst wahr. Er spendete persönlich die Sakramente und trat stets bescheiden und schlicht gekleidet auf. Eine seiner ersten Aktionen in Bonn war, die tägliche Hoftafel von 30 Gedecken aufzuheben, an der sich ein »elender Schwarm müßiger Edelleute« erfreut hatte. Von nun an wurde bescheiden gespeist. Eine neue Buchführung wurde eingeführt, die frühere Pracht wich einer strengen Ökonomie, Extrazuwendungen wurden gestrichen. Dass der noch nicht 30-Jährige mit den strahlend blauen Augen oft statt mit großem Gefolge allein, im grauen Gehrock, durch die Straßen schritt und bei Audienzen ein altschwarzes Röckelchen trug, sorgte für Gesprächsstoff. Trotzdem: Das Repräsentieren war ihm nicht fremd. Schließlich wurde in seiner Regierungszeit die Redoute in Bonn als Vergnügungsgebäude errichtet.

Dass Max Franz leiblichen Genüssen keineswegs abgeneigt war, konnte bald niemand mehr übersehen: Innerhalb weniger Jahre brachte er es zu einem gewaltigen Übergewicht. Er versuchte dagegen anzukämpfen, indem er zeitweise Diät hielt, sich das Essen sogar in abgeteilten Schüsseln servieren ließ und statt dem sonst bevorzugten Wasser »sauren Wein« trank. Das alles half wenig. Wie sein Biograf notierte, wog er zeitweise bis zu 477 Pfund.

Die Musikgeschichte ist Max Franz zu besonderem Dank verpflichtet. Er war es, der das Talent des jungen Ludwig van Beethoven erkannte, als dieser als Jugendlicher in der kurkölnschen Hofkapelle als Organist und Musiker tätig war. Er ermöglichte dem aus tristen Familienverhältnissen stammenden Genie 1792, nach Wien zu Joseph Haydn zu gehen, um dort seine Ausbildung zu machen, zahlte ihm großzügig sein Gehalt weiter und half auch mit den Reisekosten aus.

Maximilian, Kurfürst von Köln, war ein bescheidener, kluger und weitsichtiger Regent. Privat neigte er jedoch zu Depressionen und – wie auch in diesem Bild unübersehbar – zu beachtlichem Übergewicht.

Flucht vor den Franzosen

Wie viele seiner Geschwister, hatte auch Max vehement unter den Franzosen zu leiden. Als 1794 französische Truppen in das Kurfürstentum Köln einmarschierten, hieß es in aller Eile die wertvollsten Dokumente, Gobelins, Gemälde, Schätze der Silberkammer und Möbel packen, auf Frachtschiffe verladen und in Sicherheit bringen. Max selbst flüchtete über den Rhein. Die Franzosen folgten ihm und so wurde der Kurfürst zu einem Verjagten, Gehetzten, der mit großem Gefolge immer weiter ins Reich hinein fliehen musste. Die Franzosen annektierten das linke Rheinufer. Jetzt beanspruchten die dadurch geschädigten deutschen Fürsten die geistlichen

Besitzungen. Max Franz versuchte noch, seine Residenz von Köln nach Münster zu verlegen, vergebens.

Während sich die Franzosen in den letzten Jahren vor der Jahrhundertwende immer hartnäckiger in den von ihnen besetzten Gebieten etablierten, verschlechterte sich der Gesundheitszustand von Max rapide. Er selbst sagte von sich, er schlafe überall ein, sogar im Theater, nur zum Whist tauge er noch. Im April 1800 entschloss er sich zur Übersiedelung von Frankfurt nach Wien. Dort hatte Kaiser Franz mit einer regelrechten Invasion von Onkeln und Tanten fertig zu werden, die aus allen Himmelsrichtungen vor den Franzosen nach Wien geflohen waren. Max fand Unterkunft in Hetzendorf. Aber nicht im Schloss selbst, sondern in einem vor dem Schloss gelegenen Haus des Grafen Seilern.

Krankheit und Tod

Bald war er so krank, dass er das Bett kaum mehr verlassen konnte. Wassersucht, Fettsucht, Schlafsucht und Depressionen machten ihm das Leben zur Qual. Seine Nichte Amélie, die Tochter Karolines von Neapel, schrieb im August 1800 an ihre Schwägerin Klementine: »Er ist ein Ungeheur an Dicke, daß man förmlich Angst bekommt und er einem wahrhaft leid tut. Man stelle sich vor, er kann sich kaum bewegen, ißt wie ein Wolf, schläft bei der Hoftafel immer ein und schnarcht. Erzherzog Johann weiß das schon und hat immer die Geduld, sich neben ihn zu setzen und ihn aufzuwecken.«[3]

Max Franz blieb noch die Zeit, seine Angelegenheiten in Ordnung zu bringen. Im April 1801 bestellte er Erzherzog Karl zu seinem Koadjutor und Nachfolger und verfasste sein Testament. Danach verschlechterte sich sein Gesundheitszustand dramatisch. Graf Keller, der preußische Gesandte in Wien, notierte: »In der Mitte des Monats trat ein lethargischer Zustand ein, die Sprache war kaum noch verständlich, was aber den Kranken nicht davon abhielt, in leidlicheren Momenten noch immer von Geschäften zu reden.«

Über den Tod von Max Franz herrscht Unklarheit. Graf Keller

berichtete: »Am Abend des 26. hatte er mit gutem Appetit gespeist und bis elf Uhr Gesellschaft bei sich gesehen; eine Stunde nachher trat ein Erstickungsanfall ein, und in zwanzig Minuten, am 27. Juli, kurz nach Mitternacht, der Tod«.[4]

Amélie hingegen schrieb, er habe am 26. Juli 1801 an einem Abendessen teilgenommen, das »Liesl« gab. In Gesellschaft seines Bruders Ferdinand und seines Nachfolgers Erzherzog Karl habe er bei heiterer Unterhaltung zwei Kapauner und einen großen Korb Früchte verspeist. Danach sei er wortlos vom Stuhl gesunken und tot gewesen.

Mehr Klarheit als über sein Ende herrschte über seine Amtszeit: Er galt als der bescheidenste, klügste und fähigste Regent des Kurfürstentums Köln.

Anmerkungen

1. Kapitel: Maria Theresias Kindheit und Jugend, Maria Elisabeth (1737–1740)

1 Franz Herre: Maria Theresia, Die große Habsburgerin, Piper Verlag, München 2004, S. 19
2 Edmund Aelschker: Maria Theresia vor ihrer Thronbesteigung, Alfred Hölder, k.k. Hof- und Universitäts-Buchhändler, Wien 1877, S. 8
3 Henry Vallotton: Kaiserin Maria Theresia. Herrscherin und Mutter, Christian Wegner Verlag, Hamburg 1968, S. 11
4 Charlotte Pangels: Die Kinder Maria Theresias, Verlag Callwey, München 1983, S. 16
5 Edmund Aelschker: Maria Theresia vor ihrer Thronbesteigung, Alfred Hölder, k.k. Hof- und Universitäts-Buchhändler, Wien 1877, S. 38
6 Charlotte Pangels: Die Kinder Maria Theresias, Verlag Callwey, München 1983, S. 19
7 Edmund Aelschker: Maria Theresia vor ihrer Thronbesteigung, Alfred Hölder, k.k. Hof- und Universitäts-Buchhändler, Wien 1877, S. 25
8 W. Fred: Briefe der Kaiserin Maria Theresia, Georg Müller, München und Leipzig 1914, Bd. 1, S. 1, 3
9 Edmund Aelschker: Maria Theresia vor ihrer Thronbesteigung, Alfred Hölder, k.k. Hof- und Universitäts-Buchhändler, Wien 1877, S. 77
10 Friederike Wachter: Die Erziehung der Kinder Maria Theresias, Dissertation, Wien 1968, S. 78
11 Friederike Wachter: Die Erziehung der Kinder Maria Theresias, Dissertation, Wien 1968, S. 79

2. Kapitel: Maria Anna (1738–1789)

1 Charlotte Pangels: Die Kinder Maria Theresias, Verlag Callwey, München 1983, S. 23
2 Amélie Engels: Maria Anna, eine Tochter Maria Theresias, Dissertation 1964, S. 6

3 Alfred Arneth: Geschichte Maria Theresias, Wien 1863–1879, Bd. 4, S. 153
4 Adolf Innerkofler: Eine große Tochter Maria Theresias: Erzherzogin Marianna. Jubelgabe zur Feier des 200-jährigen Bestehens vom Elisabethinen-Konvent, Verlag der Vereinsbuchhandlung Innsbruck, 1910, S. 53 (transkribiert)
5 Adolf Innerkofler: Eine große Tochter Maria Theresias: Erzherzogin Marianna. Jubelgabe zur Feier des 200-jährigen Bestehens vom Elisabethinen-Konvent, Verlag der Vereinsbuchhandlung Innsbruck, 1910, S. 72
6 W. Fred: Briefe der Kaiserin Maria Theresia, Georg Müller, München und Leipzig 1914, Bd. 1, S. 27
7 Adolf Innerkofler: Eine große Tochter Maria Theresias: Erzherzogin Marianna. Jubelgabe zur Feier des 200-jährigen Bestehens vom Elisabethinen-Konvent, Verlag der Vereinsbuchhandlung Innsbruck, 1910, S. 53 (transkribiert)
8 Adolf Innerkofler: Eine große Tochter Maria Theresias: Erzherzogin Marianna. Jubelgabe zur Feier des 200-jährigen Bestehens vom Elisabethinen-Konvent, Verlag der Vereinsbuchhandlung Innsbruck, 1910, S. 32 (transkribiert)
9 Adam Wandruszka: Leopold II. Wien/München 1963, Bd. 1, S. 348
10 W. Fred: Briefe der Kaiserin Maria Theresia, Georg Müller, München und Leipzig 1914, Bd. 2, S. 308
11 Adolf Innerkofler: Eine große Tochter Maria Theresias: Erzherzogin Marianna. Jubelgabe zur Feier des 200-jährigen Bestehens vom Elisabethinen-Konvent, Verlag der Vereinsbuchhandlung Innsbruck, 1910, S. 44 (transkribiert)
12 Adolf Innerkofler: Eine große Tochter Maria Theresias: Erzherzogin Marianna. Jubelgabe zur Feier des 200-jährigen Bestehens vom Elisabethinen-Konvent, Verlag der Vereinsbuchhandlung Innsbruck, 1910, S. 121 (transkribiert)

3. Kapitel: Maria Karolina (1740–1741)

1 zitiert nach Henry Vallotton: Kaiserin Maria Theresia. Herrscherin und Mutter, Christian Wegner Verlag, Hamburg 1968, S. 17
2 Wienerisches Diarium Nr. 85, 22. Oktober 1740
3 Edmund Aelschker: Maria Theresia vor ihrer Thronbesteigung, Alfred Hölder, k.k. Hof- und Universitäts-Buchhändler, Wien 1877, S. 124, 137
4 Alfred Arneth: Geschichte Maria Theresias, Wien 1863–1879, Bd. 7, S. 478

4. Kapitel: Joseph (1741–1790)

1 Wienerisches Diarium Nr. 21, 15. Martii 1741
2 zitiert nach Charlotte Pangels: Die Kinder Maria Theresias, Verlag Callwey, München 1983, S. 36
3 nach W. Fred: Briefe der Kaiserin Maria Theresia, Georg Müller, München und Leipzig 1914, Bd. 1, S. 67
4 nach W. Fred: Briefe der Kaiserin Maria Theresia, Georg Müller, München und Leipzig 1914, Bd. 1, S. 66
5 Friedrich Weissensteiner: Die Söhne Maria Theresias, Kremayr & Scheriau, Wien 2004, S. 17
6 Helmut Neuhold: Das andere Habsburg. Homoerotik im österreichischen Kaiserhaus, Tectum Verlag, Marburg 2008, S. 272
7 Helmut Neuhold: Das andere Habsburg. Homoerotik im österreichischen Kaiserhaus, Tectum Verlag, Marburg 2008, S. 272
8 W. Fred: Briefe der Kaiserin Maria Theresia, Georg Müller, München und Leipzig 1914, Bd. 1, S. 18
9 Helmut Neuhold: Das andere Habsburg. Homoerotik im österreichischen Kaiserhaus, Tectum Verlag, Marburg 2008, S. 274
10 Fred Hennings: Das josephinische Wien, Herold, Wien 1966, S. 19
11 Helmut Neuhold: Das andere Habsburg. Homoerotik im österreichischen Kaiserhaus, Tectum Verlag, Marburg 2008, S. 279 (Zitat Thoma 2000, S. 155)
12 Roland Girtler: Vom Fahrrad aus. Kulturwissenschaftliche Gedanken und Betrachtungen, Lit Verlag, Wien 2004, S. 121
13 Brigitte Hamann: Die Habsburger, Amalthea, Wien 2001, S. 188
14 Johann Wolfgang von Goethe: Dichtung und Wahrheit, I. und II. Teil, Goldmanns Gelbe Taschenbücher, München 1961, S. 191
15 nach W. Fred: Briefe der Kaiserin Maria Theresia, Georg Müller, München und Leipzig 1914, Bd. 1, S. 153
16 zitiert nach Charlotte Pangels: Die Kinder Maria Theresias, Verlag Callwey, München 1983, S. 155

5. Kapitel: Marie Christine (1742–1798)

1 Wienerisches Diarium Nr. 39, 16. Mai 1742
2 zitiert nach Charlotte Pangels: Die Kinder Maria Theresias, Verlag Callwey, München, 1983, S. 165
3 Franz Herre: Maria Theresia. Die große Habsburgerin. Piper Verlag, München 2004, S. 323
4 Carl Rothe: Die Mutter und die Kaiserin, Verlag Herold, Wien/München 1968, S. 85

5 zitiert nach Friedrich Weissensteiner: Die Töchter Maria Theresias, Kremayr & Scheriau, Wien 1994, S. 64
6 Carl Rothe: Die Mutter und die Kaiserin, Verlag Herold, Wien/München 1968, S. 85
7 nach W. Fred: Briefe der Kaiserin Maria Theresia, Georg Müller, München und Leipzig 1914, Bd. 1, S. 346 ff.
8 Adam Wolf: Marie Christine, Erzherzogin v. Österreich, Gerold, Wien 1863, Band II, S. 187, zitiert nach Charlotte Pangels: Die Kinder Maria Theresias, Verlag Callwey, München 1983, S. 219

6. Kapitel: Maria Elisabeth (1743–1808)

1 nach Carl Rothe: Die Mutter und die Kaiserin, Verlag Herold, Wien/München 1968, S. 49
2 zitiert nach Henry Vallotton: Kaiserin Maria Theresia. Herrscherin und Mutter, Christian Wegner Verlag, Hamburg 1968, S. 195
3 Adam Wandruszka: Leopold II. Wien/München 1963, Bd. 1, S. 319, zitiert nach Charlotte Pangels: Die Kinder Maria Theresias, Verlag Callwey, München 1983, S. 245

7. Kapitel: Karl Joseph (1745–1761)

1 zitiert nach Franz Herre: Maria Theresia. Die große Habsburgerin. Piper Verlag, München 2004, S. 78
2 zitiert nach Henry Vallotton: Kaiserin Maria Theresia. Herrscherin und Mutter, Christian Wegner Verlag, Hamburg 1968, S. 75
3 Fürst Johann Josef Khevenhüller-Metsch: Aus der Zeit Maria Theresias, Tagebuch des kaiserlichen Obersthofmeisters, 1742–1776, Bd. II, S. 62
4 Fürst Johann Josef Khevenhüller-Metsch: Aus der Zeit Maria Theresias, Tagebuch des kaiserlichen Obersthofmeisters, 1742–1776, Bd. V, S. 86
5 Eduard P. Danszky: Sternkreuz, das Schicksal der Isabella von Parma, St. Gabriel Verlag, Mödling bei Wien 1957, S. 165, zitiert nach Charlotte Pangels: Die Kinder Maria Theresias, Verlag Callwey, München 1983, S. 280 f.
6 Eduard P. Danszky: Sternkreuz, das Schicksal der Isabella von Parma, St. Gabriel Verlag, Mödling bei Wien 1957, S. 165, zitiert nach Charlotte Pangels: Die Kinder Maria Theresias, Verlag Callwey, München 1983, S. 280 f.
7 Carl Rothe: Die Mutter und die Kaiserin, Verlag Herold, Wien/München 1968, S. 183

8. Kapitel: Maria Amalia (1746–1804)

1 W. Fred: Briefe der Kaiserin Maria Theresia, Georg Müller, München und Leipzig 1914, Bd. 2, S. 2 f.
2 Wienerisches Diarium Nr. 52, 1. Juli 1769
3 nach W. Fred: Briefe der Kaiserin Maria Theresia, Georg Müller, München und Leipzig 1914, Bd. 1, S. 198–202
4 zitiert nach Charlotte Pangels: Die Kinder Maria Theresias, Verlag Callwey, München 1983, S. 313

9. Kapitel: Leopold (1747–1792)

1 nach W. Fred: Briefe der Kaiserin Maria Theresia, Georg Müller, München und Leipzig 1914, Bd. 1, S. 74
2 nach W. Fred: Briefe der Kaiserin Maria Theresia, Georg Müller, München und Leipzig 1914, Bd. 1, S. 79 ff.
3 Adam Wolf: Marie Christine, Erzherzogin von Österreich, Wien 1863, Bd. 1, S. 91, zitiert nach Charlotte Pangels: Die Kinder Maria Theresias, Verlag Callwey, München 1983, S. 355
4 Carl Rothe: Die Mutter und die Kaiserin, Verlag Herold, Wien/München 1968, S. 287

10. Kapitel: Maria Karolina (1748–1748)

1 zitiert nach Franz Herre: Maria Theresia. Die große Habsburgerin, Piper, München/Zürich 2004, S. 200
2 Wienerisches Diarium Nr. 74, 75 und 76, 16., 17. und 21. September 1748
3 zitiert nach Henry Vallotton: Kaiserin Maria Theresia. Herrscherin und Mutter, Christian Wegner Verlag, Hamburg 1968, S. 94

11. Kapitel: Johanna Gabriela (1750–1762)

1 Wienerisches Diarium Nr. 11, Samstag, 7. Februar 1750
2 Carl Rothe: Die Mutter und die Kaiserin, Verlag Herold, Wien/München 1968, S. 151
3 Carl Rothe: Die Mutter und die Kaiserin, Verlag Herold, Wien/München 1968, S. 151

12. Kapitel: Maria Josepha (1751–1767)

1 Carl Rothe: Die Mutter und die Kaiserin, Verlag Herold, Wien/München 1968, S. 161
2 Alfred Ritter von Arneth: Die Briefe der Kaiserin Maria Theresia an ihre Kinder und Freunde, Wien 1881, Bd. IV, S. 116
3 Wienerisches Diarium Nr. 65, 15. August 1767
4 Fürst Johann Josef Khevenhüller-Metsch: Aus der Zeit Maria Theresias, Tagebuch des kaiserlichen Obersthofmeisters, 1742–1776, Bd. VI, S. 256

13. Kapitel: Maria Karolina (1752–1814)

1 zitiert nach Charlotte Pangels: Die Kinder Maria Theresias, Verlag Callwey, München 1983, S. 412
2 nach W. Fred: Briefe der Kaiserin Maria Theresia, Georg Müller, München und Leipzig 1914, Bd. 1, S. 361 ff.
3 zitiert nach Egon Cäsar Conte Corti: Ich, eine Tochter Maria Theresias, ein Lebensbild der Königin Marie Karoline von Neapel, München 1950, S. 54
4 zitiert nach Egon Cäsar Conte Corti: Ich, eine Tochter Maria Theresias, ein Lebensbild der Königin Marie Karoline von Neapel, München 1950, S. 67
5 nach Egon Cäsar Conte Corti: Ich, eine Tohter Maria Theresias, ein Lebensbild der Königin Marie Karoline von Neapel, München 1950, S. 81
6 Egon Cäsar Conte Corti: Ich, eine Tochter Maria Theresias, ein Lebensbild der Königin Marie Karoline von Neapel, München 1950, S. 218

14. Kapitel: Ferdinand (1754–1806)

1 Wienerisches Diarium Nr. 45, 5. Junii 1754
2 Wienerisches Diarium Nr. 77, 25. Herbstmonat (September) 1771
3 Géza Rech: Wolfgang Amadeus Mozart – Lebensweg in Bildern, München o.J. S. 19, zitiert nach Charlotte Pangels: Die Kinder Maria Theresias, Verlag Callwey, München 1983, S. 355
4 Adam Wolf: Marie Christine, Erzherzogin v. Österreich, Wien 1863, zitiert nach Charlotte Pangels: Die Kinder Maria Theresias Verlag Callwey, München 1983, S. 502
5 Adam Wandruszka: Leopold II. Wien/München 1963, Bd. 1, S. 338, zitiert nach Charlotte Pangels: Die Kinder Maria Theresias, Verlag Callwey, München 1983, S. 506

15. Kapitel: Maria Antonia (1755–1793)

1 Wienerisches Diarium Nr. 89, 5. Novembris 1755
2 Wienerisches Diarium Nr. 32, 21. April 1770
3 Johann Wolfgang von Goethe: Dichtung und Wahrheit, I. und II. Teil, Goldmanns Gelbe Taschenbücher, 1961, S. 344
4 Johann Wolfgang von Goethe: Dichtung und Wahrheit, I. und II. Teil, Goldmanns Gelbe Taschenbücher, 1961, S. 345 f.
5 Stefan Zweig: Marie Antoinette. Bildnis eines mittleren Charakters, Frankfurt/Main 1968, S. 365–367, zitiert nach Charlotte Pangels: Die Kinder Maria Theresias, Verlag Callwey, München 1983, S. 525
6 Friedrich Weissensteiner: Die Töchter Maria Theresias, Kremayr & Scheriau, Wien 1994, S. 241
7 Friedrich Weissensteiner: Die Töchter Maria Theresias, Kremayr & Scheriau, Wien 1994, S. 251
8 Antal Szerb: Das Halsband der Königin, dtv, München 2005, S. 251 f.

16. Kapitel: Maximilian Franz (1756–1801)

1 Wienerisches Diarium Nr. 99, 10. Decembris 1756
2 Friederike Wachter: Die Erziehung der Kinder Maria Theresias, Dissertation, Wien 1968, S. 167
3 Egon Cäsar Conte Corti: Ich, eine Tochter Maria Theresias, ein Lebensbild der Königin Marie Karoline von Neapel, Bruckmann, München 1950, S. 350
4 Artikel »Maximilian Franz« von Hermann Hüffer in: Allgemeine Deutsche Biographie, herausgegeben von der Historischen Kommission bei der Bayerischen Akademie der Wissenschaften, Bd. 21 (1885), S. 56–70

LEBENDIG ANSCHAULICH FUNDIERT

ISBN 978-3-218-00802-0

Hanne Egghardt entführt die Leser und Leserinnen in die historischen Gartenparadiese österreichischer Schlösser und Stifte. Sie erzählt ihre faszinierende Geschichte, ihre Entwicklung bis heute, und nennt die Highlights, die es zu besichtigen gibt. Die prachtvollen Fotografien von Kurt-Michael Westermann machen Lust, sofort zu einer Genuss- und Erkundungstour durch diese schönsten Schloss- und Stiftsgärten in Österreich aufzubrechen. Ein Muss für alle Gartenfans!

ISBN 978-3-218-00770-2

Türkenbezwinger, Diplomat, Bauherr, Philosoph und Mäzen, Kunstsammler und Botaniker: Prinz Eugen war ein außerordentlich vielseitiger Mensch. Seine Schlachten waren geprägt von legendärem Wagemut, seine Schlösser zählen zu den schönsten Bauten der Barockzeit. Diese reich illustrierte Biografie von Hanne Egghardt erzählt anschaulich und einfühlsam die Lebensgeschichte dieser faszinierenden und herausragenden Persönlichkeit.

K&S